Kontrola

Opanuj najcenniejsze, co masz- własną psychikę

Wydanie drugie (poprawione)

CW01500834

Damian Podpora, 2024

Wszelkie prawa zastrzeżone

1. Wstęp

Jest 1979 rok. Masz 13 lat i matka właśnie odbiera Cię z komisariatu Policji w Nowym Jorku. Nieźle się zaczyna.

-Mało mam przez Ciebie problemów?! - pyta zirytowana i jednocześnie głęboko zasmucona tym, że wychowała takiego ancymona.

-To nie moja wina. Ten gnojek sam zaczął!- tłumaczysz się.

- Może i zaczął, ale nie musiałeś go aż tak pobić, że mu zęby powypadały, a na łbie wyrósł guz wielkości pieczarki! Co, jeśli jego rodzice wniosą oskarżenie do sądu i będziemy musieli zapłacić odszkodowanie? Przecież ledwo wiążemy koniec z końcem!

To już Twój dwudziesty pobyt w areszcie. Jakoś tak nie po drodze Ci z prawem chyba. Mama nie jest zbyt dumna i wieszczy, że prędzej czy później skończysz w więzieniu. Nauczyciele mówią wprost- mały bandyta! Wujek, babcia, ciocia, zaginiony ojciec, który wyszedł po mleko i nie wrócił- nikt nie wróży Ci sukcesu, a wręcz przeciwnie- same trudności. Bo w końcu sam pchasz się w takie trudności, wpadając w konflikty z prawem, poprzez liczne rozboje i bójki uliczne. Twoje życie nie jest lekkie i już od najmłodszych lat jesteś prześladowany w szkole, a także żyjesz w biedzie, bez ojca, więc w sumie trudno Ci się dziwić, że nie obrałeś dobrej drogi, a drogę przemocy . Nie usprawiedliwia to przestępstw, jakie popełniasz i nie znaczy, że każdy w podobnej sytuacji dokona podobnych wyborów, ale poniekąd pozwala zrozumieć, skąd w Tobie tyle agresji. Z trudnego życia, z którym sobie nie radzisz.

Sąd decyduje o umieszczeniu Cię w poprawczaku. Na szczęście (na bardzo, bardzo duże szczęście) spotykasz tam byłego trenera boksu. Zauważa on Twój potencjał. Widzi, że jesteś szybki, silny, masz refleks. Zaczyna Cię trenować. Okazuje się, że masz nie tylko predyspozycje fizyczne, ale też psychiczne- choć pełno w Tobie gniewu, wykonujesz z pokorą polecenia trenera i łatwo przyswajasz nowe techniki, niczym ryż wodę.

Wiesz, co jest największą zgubą wielu sportowców? Tak mi się wydaje przynajmniej, bo nie znam się na sporcie, hehe. Ale się wypowiem! Znam się na psychice. Więc zgubą w życiu, jak i w sporcie jest zbyt duża arogancja, która zmienia się w ignorancję.

Jeśli jesteś osiedlowym pijaczyną, który całe życie pracował przy wyrębie lasów, nie możesz nagle, tak po prostu, uwierzyć, że jesteś dobrym neurochirurgiem i pójść komuś zoperować mózgu, nie? Tak samo sportowiec, który dopiero zaczyna, musi mieć pokorę i chcieć się rozwijać, słuchać trenera i ostro cisnąć na treningu, a nie wierzyć, że już jest najlepszy.

Zauważ, proszę, że w życiu jest tak samo. Nikt nie jest doskonały. Każdy ma coś do poprawy. Lepiej więc wychodzić z założenia, że coś można w sobie poprawić, bo wtedy masz w ogóle podstawy, by to poprawiać. Nie chodzi o niskie poczucie wartości i samokrytykę 24 na 7, a o zdrowy rozsądek i racjonalne myślenie. Jesteśmy ludźmi, nie Bogami. Zawsze można coś w nas zmienić, a skoro nie masz takiego życia, o jakim marzysz, to znaczy, że pole na poprawki jest całkiem spore. Zaryzykuję stwierdzenie, że wygląd Twojego życia to w większości efekt tego, jaką jesteś osobą.

Gdy ktoś zwraca Ci na coś uwagę, albo sugeruje co można zrobić lepiej, nie oburzaj się i nie kłam: Ale ja nie muszę nad tym pracować! Ja nie chcę! Mi jest dobrze z moimi wadami! Pokochałem je!

Gdyby ktoś Ci nasrał na środku salonu, też byś pokochał smród, czy jednak postarałbyś się oczyścić swój dom?

Zgaduję, że pierwszym odruchem każdego zdrowego człowieka jest sprzątnięcie kupy. Więc czemu, jeśli każdy z nas ma trochę nasrane we łbie, nie sprzątamy sobie w głowach?

To żaden wstyd i nic niezwykłego. Ot co, jesteśmy ludźmi i na początku, jako dzieci, nie wybieramy sobie sami, jakie mamy cechy i jaką psychikę. Psychika jest kształtowana przez rodziców, geny i środowisko. Żadne środowisko, żadne geny i żadni rodzice nie są doskonali, więc my też nie. I trochę gówna każdy z nas tak czy siak dostał i każdy trochę z nas ma go w głowie. Posprzątasz go, czy przyzwyczaisz się do smrodu? Takim gównem może być z jednej strony arogancja i wiara w to, że inni są dużo gorsi, albo z drugiej strony niskie poczucie wartości i wiara, że to Ty jesteś gorszy.

Ale wróćmy do przykładu młodego sportowca. Musisz trenować. Im mądrzej i ciężej, tym lepiej. A żeby Ci się w ogóle chciało, musisz po pierwsze uznać swoje niedoskonałości, a po drugie przyjąć, że należy nad nimi pracować, aby stać się lepszym. Musisz widzieć swoje braki. Głupio byłoby wmawiać sobie, że nie masz nic do poprawy, a zatem olejesz dziś trening. I trenera. I swój potencjał. Tak właśnie działa niezdrowa arogancja. I jeśli przyjmujesz fałszywe założenie, że jesteś najlepszy, chociaż na to nie trenowałeś- to już ignorancja.

I znowu, zauważ, że w życiu jest tak samo. Większość osób nie chce się zmieniać i mówi- jestem jaki jestem!

To niezdrowe ignorowanie swoich wad. Gdy coś ignorujesz, to rośnie.

Ale na szczęście Ty takiej głupiej arogancji nie posiadasz! Wręcz przeciwnie- całe życie starsi, silniejsi i groźniejsi od Ciebie dręczyli Cię i tłamsili. Wyrosłeś w przekonaniu, że jesteś od nich gorszy, a więc trenujesz jak cholerna maszyna, żeby pokazać im i samemu sobie, że nie mieli racji. Żeby tylko zmyć z siebie ten wstyd, wyładować tę złość, pozbyć się negatywnych emocji.

A nazywasz się Mike Tyson.

Twój trener umawia Cię na spotkanie z jeszcze lepszym trenerem, bo widzi, że to nie przelewki. Potrzebujesz kogoś, kto w pełni rozwinie Twój talent i pokieruje Cię na zawodowstwo, bo trenujesz jak bestia i walczysz jak bestia. Mimo że masz 13 lat. Życie tak mocno dało Ci w kość, że stałeś się twardszy od niemal każdego swojego przeciwnika.

Nowy trener daje Ci wycisk. Zaledwie po dwóch latach, bo w wieku 15 lat, zdobywasz złoty medal na młodzieżowych igrzyskach olimpijskich. Rok później znowu zdobywasz na tych igrzyskach złoty medal. Rozumiesz, jak wielkie są efekty pracy, którą wkładasz w rozwój swojego ciała, a to motywuje Cię do parcia naprzód jeszcze mocniej. To tak zwany efekt kuli śnieżnej. Wystarczy zacząć lepić kulę ze śniegu, a ona szybko staje się coraz większa, bo im większa jest, tym więcej śniegu się do niej przylepi. Gdy będzie się toczyła ze zbocza o odpowiednim nachyleniu, będzie rosnąć praktycznie sama, bez wysiłku. Tak samo jest z treningiem, zdrowym odżywianiem, rozwojem psychiki i w zasadzie każdym dobrym nawykiem, jaki możesz mieć- na początku idzie powoli, mozolnie. Na początku może być ciężko, ale jak już uzbierasz swój "śnieg", czyli satysfakcję i motywację wynikającą z tego, gdzie już zaszedłeś, coraz bardziej chce Ci się działać, bo działanie wchodzi w nawyk, a ambicja rośnie. Jeśli więc chcesz robić cokolwiek nowego, daj sobie przynajmniej 21 dni i poczekaj cierpliwie na efekt. Na początku wszystko jest trudne, ale przecież nie będzie takie zawsze. Kula zacznie się toczyć coraz szybciej, a efekt będzie coraz większy.

Przy okazji, jeśli coś wydaje Ci się bardzo trudne, ale bardzo tego chcesz, najlepiej jest po prostu zacząć. I robić coś, dzień w dzień, mimo że efektów nie ma. Jeśli będziesz cierpliwy, w końcu zrozumiesz zasady działania tego czegoś. Kula śniegu urośnie, tak samo jak Twoja mądrość i świadomość w danym temacie, a zatem po dwóch miesiącach będziesz o wiele szybciej działał i o wiele łatwiej osiągał efekty.

Mike przecież nie był maszyną do zabijania w wieku 13 lat, ale dzięki swojemu trenerowi z dnia na dzień się nią stawał. Nie musiał nawet widzieć efektów dzień po dniu, bo przecież efekty treningu tak szybko nie przychodzą. Widział jednak, że po roku nauki pod okiem trenera, stał się dużo sprawniejszy i mądrzejszy. Czasem po prostu na efekt się czeka, ale trzeba być cierpliwym.

Oprócz tego, zauważ, że skoro Mike był prześladowany i miał jakieś demotywujące demony w psychice, nieustannie musiał walczyć z podszeptami własnej psychiki, które mówiły mu:
- Jesteś do niczego! Nie uda Ci się! Inni są silniejsi!

I co? No, zasadniczo w takiej sytuacji są tylko dwa wyjścia. Albo posłuchasz demona i powiesz:
- A wiesz co? Masz rację. Jestem słaby, nigdy nie będę w tym dobry! Nie chce mi się! To za trudne!

Albo zrobisz mu na opak i powiesz:

- Wiesz co? Pierdol się. Ja Ci jeszcze pokażę.

Oczywiście to metafora i w Twojej głowie nie siedzi żaden diabeł (mam nadzieję) i Mike Tyson pewnie też nie był opętany. Po prostu każdy ma jakieś głupie przekonania w psychice i szkodliwe, hamujące myśli w stylu takiego właśnie demotywującego demona. Po nieudanym treningu, przegranej walce i tak dalej- takie myśli mogą się odzywać. Nie wyeliminujesz ich w sekundę i z dnia na dzień nie staniesz się super pewny siebie, ale jeśli nie będziesz wierzyć w te myśli i konsekwentnie, raz za razem będziesz myślał przeciwnie do nich- po czasie ustąpią, a ich miejsce zajmą dobre myśli.

I to nie jest ważne, czy chcesz być sportowcem, milionerem, dobrym lekarzem, zdolnym fryzjerem, mistrzem medytacji, osobą bez nałogów, dobrym partnerem czy po prostu szczęśliwym i spokojnym człowiekiem- zawsze znajdą się jakieś myśli, które Cię od tego odciągają i zawsze masz wybór- wierzyć w te głupie myśli, albo nie.

W życiu jest często tak jak w tej historii z życia Mike'a Tysona. Jesteśmy poddawani szeregowi prób, a negatywne uczucia jak poczucie biedy, bycie dręczonym przez rówieśników czy wszelka społeczna niesprawiedliwość mogą odciskać trwałe piętno na psychice. Dopóki młody Mike nie miał trenera, wykorzystywał gniew i całe to buzujące w nim negatywne gówno w sposób mało korzystny, a wręcz zgubny-popełniając przestępstwa. Trener to osoba, która nie tylko pomaga rozwijać ciało, ale może przede wszystkim- panować nad swoją psychiką.

Każdy trener powie Ci, że gniew można wykorzystać na swoją korzyść i zrobić z nim coś pożytecznego- choćby wyładować go na treningu. Doskonale wie o tym każdy, kto zaczął chodzić na siłownię czy uprawiać jakikolwiek inny sport po bolesnym rozstaniu, czy ktoś, kto już uprawia sport, ale w ciężkie dni idzie na trening, wyładowuje się, a po nim czuje się oczyszczony.

Mike nauczył się zmieniać zły i szkodliwy gniew w coś dobrego. Czy Ty to potrafisz?

Nie każdy ma tyle szczęścia, by trafić na trenera i mentora w jednej osobie, który pomoże Ci poskromić własne demony, więc, jak to w życiu, warto liczyć na siebie. Jeśli sam nie opanujesz swojej psychiki, nikt Ci w tym nie pomoże.

2. Z drugiej strony...

Do kilku pozytywnych historii, które omawiają kogoś, kto odniósł sukces, dopiszę przeciwną historię. O kimś, kto zachował się odwrotnie i ma odwrotne myślenie, aby uświaodmić Ci, jakie konsekwencje ma brak kontroli nad psychiką.

Jeśli widzisz tylko jedną stronę medalu, często masz tylko połowę obrazu. Tu na przykład dostałeś obraz życia Tysona i zalet, jakie ma jego psychika. Ale warto znać też zgoła odmienny obrazek- kogoś, kto nie ma tak silnej psychiki jak Mike, więc nigdy mistrzem nie będzie.

No więc- jesteś osiedlowym koneserem trunków zajmującym honorowe miejsce w loży filozofów- ławce pod sklepem. Zaczynasz streamować swoje patologiczne, pijackie treści i stajesz się popularny. Dostajesz kontrakt na walkę klaunów w budyniu waniliowym.

Warunki są następujące: Masz tłuc się w przebraniu klauna, z innym klaunem, przy użyciu zabawkowych, piankowych, wielkich młotów. Stoicie na drewnianym, śliskim podeście, który w dodatku jest dość chwiejny. Jeśli przeciwnik Cię strąci i wpadniesz w budyń, musisz się wygrzebać w pięć sekund, albo przegrywasz.

Twoim przeciwnikiem będzie inny koneser alkoholu.
-Eee, żaden z niego koneser. To jakiś pijak zwykły! Ja przecież na luzie go pokonam! Jest mniejszy i chudszy! I pijańszy!- mówisz sobie.

Dostajecie trzy miesiące na przygotowania. Ty oczywiście przenaczasz je na trening wątroby pod osiedlowym monopolem, bo po co się przemęczać, skoro i tak wygrasz? Tak Ci się przynajmniej wydaje. Bo przyjąłeś mylne założenie, że jesteś od kogoś lepszy. Za tym idzie kolejny fałszywy wniosek- że nie potrzebujesz treningu.

O czymś jednak nie wiesz: Twój przeciwnik trochę poważniej podszedł do tematu. Choć sam ze sportem ma niewiele wspólnego, woli chociaż trochę się podszkolić. Zatrudnia sławnego włoskiego wojownika w budyniu: Vito Mario Netto. Ten przekazuje mu techniki uderzeń wielkim, gąbczastym młotem i inne takie przydatne pierdoły. Co więcej, uczą się uników, więc Twój przeciwnik dzień za dniem zdobywa przewagę szybkości i techniki, podczas gdy ty łoisz piwsko.

Dochodzi do walki. Idziesz tam na pewniaczka, wymachujesz młotem jak szaleniec, ale niewiele z Twoich ciosów w ogóle trafia. Widzisz, że przeciwnik jakoś inaczej trzyma nogi, więc Twoje ciosy nie wytrącają go z równowagi. Gdy tylko zdajesz sobie sprawę, w jaki kisiel (albo budyń) się wpakowałeś, unikając treningu, przeciwnik wali Ci bombę na czoło, aż wyrywa Cię z kapci i lądujesz w mącznym przysmaku.

Dodatkowo przeciwnik dociska Ci głowę swoim młotem i nie możesz się wygrzebać. Krztusisz się budyniem. Nalewa Ci się do uszu, zlepia Ci włosy. Wchodzi tam, gdzie budyniu nigdy być nie powinno. Przegrywasz.

Litościwi włodarze federacji budyniowej litują się nad Tobą i dają Ci kontrakt na drugą walkę, plus tysiaka, abyś zatrudnił trenera.

Postanawiasz, że trochę przyoszczędzisz na trenerze i prosisz swojego znajomego żula Mietka, aby pokazał Ci techniki walki. Słyszałeś, że kiedyś ćwiczył jakieś Kumitsu. I podobno raz zaczepili go trzej chuligani, a on poskładał ich jak chińskie taborety. Wprawdzie mieli po 12 lat, a Mietek był na delirce, więc możliwe, że w ogóle ich nie było, ale to nic. Ważne, że Mieciu ma zadatki na mentora. Dobrze gada. Czasem.

Nie popełnisz już swojego błędu i nie olejesz treningu. Teraz ćwiczysz. Godzinkę dziennie. Ale co tam.

Twój przeciwnik- zwykły żul Janek- też ćwiczy. Ale on robi to dwie godziny dziennie. Dodatkowo ograniczył alkohol do niezbędnego minimum, a także korzysta z pomocy dietetyka, który rozpisał mu wzmacniającą dietę pomagającą oczyścić zarówno mózg, jak i wątrobę z toksyn.

Ty- zajadasz się boczkiem i pijesz nawet więcej. Wmówiłeś sobie, że picie Ci służy. No, można i tak.

Na kolejną walkę wychodzisz leciutko podchmielony, tak dla odwagi. Twój przeciwnik jest trzeźwiutki, w dobrej formie.

-Dziwne. Trzy miesiące temu był trochę bardziej zaniedbany... mówisz sobie- ale to nic! Zbudowałem trochę mięśni i tak dalej. Coś niecoś potrafię. Dołożę mu

Łup! Pierwszy, oszałamiający cios młotem w wątrobę i padasz na kolana.

- Ty żulu! - krzyczysz w bólu- skąd znasz mój słaby punkt?!
- Mam taki sam- mówi Twój przeciwnik.
- Zobaczysz, jak tylko wstanę i otrę łzy, to ci dokopię, Ty ch...

ŁUP!

Dewastujący cios młotem w pośladki spycha Cię z platformy i znowu lądujesz w budyniu.

-Skądś znam ten smak...- mówisz smutny do siebie. Próbujesz się wygrzebać, ale kolejne ciosy młotem rażą Cię jak błyskawice. Otumaniony padasz całym ciałem w budyń. Budzisz się po reanimacji.

- Spokojnie, proszę leżeć spokojnie. Najadł się pan budyniu.

- Wstydu też...- odpowiadasz.

-Dajcie mi jakiegoś słabego przeciwnika, proszę!- błagasz włodarzy, kiedy przychodzi do podpisania kolejnego kontraktu.

- Słabszego niż Ty już nie ma!

- O wy chamy! Ja wam pokażę!

Tym razem się wkurzyłeś. Kontrakt opiewa na oszałamiającą sumę 500 PLN dla zwycięzcy i bon na 20 PLN do sklepu z odzieżą używaną dla przegranego. Nie zamierzasz przepuścić pięciu stów koło nosa. Bierzesz się ostro za trening, redukujesz spożycie alkoholu, starasz się zdrowiej jeść.

Szczerze mówiąc- już po trzech miesiącach czujesz się jak młody bóg.

Wychodzisz na platformę w strachu, bo Twój przeciwnik to niezły bysior, ale jakimś cudem dajesz mu radę, bo jest powolny.

- Giń, osiłku! - krzyczysz i dopychasz mu głowę młotem w budyń - Najedz się, nooo! Najedz się! Masz! Żryj karpatkę!

Wygrywasz. Co się robi po wygranej? No nie wiem, zawodowi sportowcy może jakoś szykują się na kolejne zawody, czy coś. A Ty? Łoisz kratę piwa z kolegami.

Nie jedną, nie dwie. Łoisz trzy tygodnie z rzędu.

- Kogo chcesz na następnego przeciwnika? - pytają włodarze
- Może tego... Majka Dysona. Tego robota bitewnego skonstruowanego z odkurzacza i części od Tesli.
- Pogrzało Cię? Przecież to maszyna do zabijania. Dosłownie-maszyna. Nikt jeszcze z nim nie wygrał, tym bardziej nie taki amator!
- Daj mu tę walkę- odzywa się drugi włodarz- będzie beka.
- Ja wam dam bekę! Przerobię go na toster!- grozisz.

Trenujesz. Już nie tak intensywnie, jak wcześniej, bo przecież teraz to jesteś już kozak, nie? Już znasz się na rzeczy. Co z tego, że masz walczyć z zabójczą, inteligentną maszyną. Przecież to tylko głupi odkurzacz- myślisz.

Odkurzacz spuszcza Ci niezły łomot.

Nagle, jakimś cudem, otumaniony, wykonujesz desperacki cios młotem, który trafia robota prosto w jego blaszany łeb. Majk Dyson wpada do budyniu.

-I'll be back! - krzyczy

-Co tam miauczysz? Nie rozumiem amerykańskiego, ty blaszaku!

Odwracasz się i podnosisz ręce w geście zwycięstwa, świętując już swoją wygraną. Ale zapomniałeś, że robot ma pięć sekund, by się wydostać. I nie wygląda na to, by miał zwarcie od tego budyniu.

Wdrapuje się na podest już w trzeciej sekundzie, czego Ty oczywiście nie widzisz, bo stoisz odwrócony plecami. Dyson włącza najwyższy bieg i robi taki zamach młotem, że cios o mało nie urywa Ci głowy. Padasz zupełnie nieprzytomny w lepki, waniliowy przysmak.

Tak oto kończy się Twoja kariera. Włodarze proponują Ci kolejne walki, ale odmawiasz, bo jesteś zbyt rozgoryczony po porażce.

Widzisz więc, czytelniku, jak zbytnia pewność siebie i niedocenienie swojego przeciwnika mogą być zgubne dla sportowca. Co więcej, po kolejnej poniesionej porażce poczucie dumy ofiary budyniu zostało tak mocno naruszone, że odmawia dalszych prób. Tym samym brak kontroli nad negatywnymi emocjami doprowadza do tego, że zawodnik marnuje każdą kolejną szansę na rozwój i sławę. Każda kolejna walka w jego oczach jest z góry przegrana.

Oto właśnie dlaczego opanowanie umysłu jest kluczowe. Możesz mieć najlepszego trenera techniki, siły i szybkości, ale jeśli nie opanujesz własnej psychiki, z nikim nie wygrasz. W psychice drzemie Twoja wola walki i wola trenowania. Jeśli nie masz tej woli i nikt jej w Tobie nie obudzi, po prostu nie masz szans na długi, udany, systematyczny trening. Prędzej czy później się poddasz. Każda porażka będzie dla Ciebie bólem, a każda wygrana będzie powodem do niezdrowej arogancji.

Właśnie dlatego zawodowi sportowcy muszą panować nad umysłem. Może nie w każdym aspekcie, bo nadal widzimy, że wielu piłkarzy ma w sobie jakąś dozę niezdrowego gniewu czy arogancji, ale na pewno potrafią chociaż częściowo zapanować nad strachem, kiedy wychodzą naprzeciw silniejszego zespołu. Wiele razy widzieliśmy w historii piłki, boksu, mma czy jakiegokolwiek innego sportu, jak słabszy zawodnik lub drużyna pokonuje silniejszego. Wszystko przez to, że słabszy nie był sparaliżowany strachem, a silniejszy pewnie wyszedł na starcie przekonany, że wygra, więc się nie starał i nie docenił przeciwnika.

W życiu jak i w sporcie- nie możesz pozwolić, by zjadał Cię strach. Większość strachów jest bardzo, bardzo naciągana. Ludzie boją się dosłownie wszystkiego i znajdą miliony wymówek, by czegoś nie zrobić. Może zawsze chciałeś skoczyć ze spadochronem, ale widziałeś, że komuś spadochron się nie otworzył. I co teraz? Może nie chcesz lecieć samolotem, bo przecież jeden na dwanaście milionów samolotów się rozbija! Może boisz się zmienić pracę, bo... co jeśli w nowej nie dasz rady?! Może nie chcesz zagadać do atrakcyjnej osoby w barze, bo boisz się odrzucenia.

Jest wiele strachów. I niektóre oczywiście są nam potrzebne i zdrowe. Masz prawo bać się jazdy 200 km/h na motorze z pijanym kolegą, bo przecież to stanowi zagrożenie dla życia. Masz prawo bać się skoku na główkę do płytkiego baseniku, albo walki z kimś, kto ma nóż. Są to naturalne reakcje psychiki na realne zagrożenia. Są jednak również zagrożenia mało prawdopodobne albo mało istotne.

Ostatnio widziałem filmik dziewczyny, która zachwalała lot helikopterem nad Nowym Jorkiem. Cudny widok i na pewno wspaniałe, godne zapamiętania przeżycie. Jakiś facet musiał jednak wyrazić niezadowolenie tym stanem rzeczy w komentarzu:

-Wystarczy, że silnik przestanie działać i koniec!

Odpisałem mu całkiem dobrą ripostą:

- Wystarczy, że serce przestanie Ci działać i koniec!

Jakby nie patrzeć, szanse na awarię w helikopterze są niesamowicie małe, a nawet jeśli silnik się wyłączy, ciąg wytworzony przez wirnik nadal pozwala wylądować w miarę bezpiecznie. Śmigłowiec jest przez to dużo bezpieczniejszy niż samolot, a samolot i tak jest bardzo pewnym środkiem transportu. Ludziom wydaje się, że taki lot jest ryzykowny, bo naoglądali się filmów, w których ratownicy lecą w trudnych warunkach atmosferycznych i się rozbijają. A życie to nie film.

Na tym przykładzie widać, jak niepotrzebny strach hamuje przed zdobyciem nowych, ciekawych doświadczeń. Z drugiej strony ludzie raczej nie boją się chorób układu krążenia, które zabijają co drugą osobę. Masz więc 50% szans na zgon z ich powodu, a chyba nie stosujesz środków zapobiegawczych, na przykład w postaci zdrowszej diety bogatej w przeciwutleniacze i substancje przeciwzakrzepowe? Nie boimy się więc realnych zagrożeń, a tych w naszej głowie.

Dlatego warto kontrolować swój umysł.

Stoicy wiedzieli o tym już dwa tysiące lat temu. Promowali psychiczny rozwój człowieka i nakreślali ogromną wagę, jaką ma w życiu pielęgnowanie swoich emocji, pragnień, dążeń, myśli i uwagi. Niewielu było takich, którzy ich słuchali, bo ludzie i tak mieli mnóstwo problemów na głowie- a to Spartanie zaatakowali ich miasto, a to pszenica w tym roku słabo obrodziła i grozi im głód, a to susza, a to szarańcza, a to choroby... kto by się tam przejmował jakimś rozwojem psychiki, skoro życie jest kruche, ulotne, ciężkie i niepewne?

Dziś- życie jest dużo wygodniejsze. Nie mamy na co dzień wielu zagrożeń, a jeśli już- największym zagrożeniem jesteśmy sami dla siebie. Zdecydowana większość zgonów dzieje się z powodu chorób, a nie wypadków czy wojen. Chorobom można zapobiegać, a większość społeczeństwa nie ma nawet na tyle samokontroli, aby kontrolować to, co jedzą.

Nikt nie mówi o idealnej diecie i jedzeniu w stu procentach warzyw i owoców z ekologicznych, wiejskich upraw. Wystarczy po prostu ograniczyć przetworzoną żywność, a gotować w miarę możliwości roślinne, pełne warzyw posiłki, gdzie właśnie rośliny są podstawą, a nie jakaś kiełbasa na gorąco albo pół słoika dżemu ;) Zamiast chipsów orzechy, zamiast słodyczy- owoce. Zamiast jedzenia 120 %, jedzenie 80% porcji. I tyle.

Ludzie bardziej troszczą się o swoje samochody, niż o swoje ciała. Kiedy ktoś za mocno trzaśnie drzwiami ich nowej fury, naniesie śniegu na wycieraczki, pali fajkę w środku albo nieostrożnie otwiera drzwi na parkingu, właściciel auta burzy się, ponieważ nie chce, by jego furze stała się choćby najmniejsza krzywda. Furę i tak zmieni po kilku latach, a ciało ma jedno na całe życie. Ów zatroskany właściciel nie ma najmniejszego problemu z tym, by wrzucić w swoje ciało paczkę żelek, czyli cukrową bombę, przegryźć to kiełbasą, czyli bombą tłuszczu, no i oczywiście zalać piwskiem i okopcić szlugiem.

Wyobraź sobie taki przykład:

Pan Stasio ma stary, lekko pordzewiały samochód, o który nikt nigdy nie dbał, więc i sam Pan Stasio za bardzo się nie stara. Ma w środku pełno śmieci, wypełnia bak byle jakim paliwem (byle taniej), a że to diesel- miesza to paliwo z olejem kuchennym z resztkami frytek. Do tego gazuje go na zimnym, pędzi po dziurach z czterema worami ziemniaków w bagażniku i dwiema pszenicy na tylnym siedzeniu, a rdzę przykrywa odrobiną szpachli.

Z kolei Pan Miecio ma Mustanga z 1970 roku, którego dostał od ojca. Ojciec dbał o niego bardziej, niż o samego siebie. Jeździł dużo, ale z głową. Tylko najlepsze paliwo, serwis, przegląd, buziaczek w maskę po każdym odstawieniu go do garażu. Każda zużyta część natychmiast wymieniana, aby nie wpływać na resztę części. Miecio dba o swój zabytek niemniej, niż jego ojciec. Zagadka numer jeden- Czemu?

Odpowiedź: Bo ten Mustang jest wiele wart. Zarówno pod względem finansowym, jak i z sentymentu właściciela.

Wydaje mi się (tak tylko zgaduję), że Twoja psychika też jest wiele warta, bo od niej zależy przebieg Twojego życia. Ta książka będzie właśnie o szeroko pojętym rozwoju psychiki. Bez zbędnego rzucania farmazonami, uproszczeniami czy złożonymi opisami. Jak najprościej, ale przy tym, jak najdokładniej.

Zwyczajnie, ale z niezwyczajnym przesłaniem, o którym ludzie leniwi wolą nie słyszeć. Za to ludzie mądrzy, sprytni, ambitni- będą chcieli go poznać i użyć do rozwoju. Da im kopa, albo przynajmniej lekki pstryczek w nos.

I główne pytanie na dziś brzmi- jesteś jak Mustang, czy jak grat pana Stasia? Cenisz się na tyle, by dbać o siebie w każdym aspekcie, czy uznajesz, że Ci się to nie należy?

Każdy rozsądny człowiek dba o swój samochód, jeśli ten jest wiele wart. A gdybyś na przykład miał mieć tylko jeden samochód przez całe życie, czy nie dbałbyś o niego 10 razy bardziej? No jasne!

Pytanie, które się nasuwa- dlaczego nie dbamy tak o samych siebie? Mamy tylko jednego siebie na całe życie, to nie jest samochód, który da się zmienić (albo chociaż cofnąć przebieg u cwanego mechanika...)

Samo uświadomienie sobie tego powinno skłonić Cię do chwili refleksji. Jak bardzo się cenisz, na tyle chcesz o siebie dbać i się rozwijać.

I wiesz co? Ciało to pół biedy, bo wbrew pozorom łatwo o nie zadbać. Każdy mniej więcej wie, jakie są zasady zdrowego życia i odżywiania. Ale mało mówi się o dbaniu o swoją psychikę. A masz jedną. Na calutkie życie. Jeśli nie stosujesz żadnych technik służących do rozwoju osobistego, czyli właśnie ulepszania własnej psychiki, to tak, jakbyś z góry zakładał, że nie jesteś i nigdy nie będziesz cennym Fordem Mustangiem, o którego należy dbać. Godzisz się na bycie rumplem Pana Stasia? No daj spokój! Chcesz całe życie wozić ziemniaki i tyłek pana Stasia, który o nic nie dba?

I pamiętaj, że Twoja psychika to TY. Cały Ty. Wszystko, co masz. Nie ma nic cenniejszego.

To, czy jesteś niekontrolującym emocji agresorem, który nie stworzy z nikim dłużej i szczęśliwej relacji, bo problemy potrafi rozwiązać jedynie pięściami, czy może empatycznym, zdolnym do życia z innymi człowiekiem- to Twoja psychika.

To, czy godzisz się na najgorszą pracę, w dodatku za najniższą krajową, czy raczej szukasz lepszej pracy, jadąc za granicę, podnosząc swoje kompetencje lub nawet chcesz mieć własny biznes i jesteś na tyle odpowiedzialny i kompetentny, aby go z sukcesem prowadzić- to Twoja psychika.

To, czy wydajesz pieniądze na papierosy i alkohol, a potem pożyczasz od znajomych, czy oszczędzasz je mądrze, a potem oni pożyczają od Ciebie- to Twoja psychika.

To czy żyjesz i umierasz rozczarowany, czy szczęśliwy i spełniony- to Twoja psychika.

Podaj mi chociaż jedną rzecz ważniejszą dla danej jednostki, niż jej własna psychika, a przyznam, że się mylę. Przyznam to i przyjdę z kwiatami w rękach pod wskazany adres, jeśli logicznie mi udowodnisz, że masz coś cenniejszego, niż własny mózg. Ale nie nastawiaj się na bukiet, bo są małe szanse, że się mylę. Wszak, jak wiedzą ludzie ambitni, psychika to absolutny fundament i baza do wszystkiego. Wszystko siedzi w głowie. Wszystko się tam zaczyna i kończy. Psychika to cały Twój świat.

Wiem jednak, że kontrolowanie jej jest bardzo trudne. Bardzo, bardzo, bardzo trudne!

Dlaczego? Bo po pierwsze- nikt nas tego nie uczy i mało kto o tym mówi.

Po drugie- żyjemy w społeczeństwie, w którym zabawa, picie i niezdrowe jedzenie jest normą. Dbanie o siebie, kontrola, życie w pewnego rodzaju minimalizmie- to dziwność.

I po trzecie wreszcie- jesteśmy przynajmniej częściowo ofiarami manipulacji dużych firm, które sprzedaja nam uzależniające produkty, takie jak papierosy, alkohol i słodycze, bo mają z tego zysk. Na naszych słabościach, nałogach i braku kontroli ktoś zbija kasę. Ale czy musimy być tymi ofiarami systemu cały czas? Wydaje mi się, że nie. Możemy wziąć kontrolę w swoje ręce i w końcu przestać płacić za to, co nas zabija.

Zaznaczę jednak, że nie potępiam tutaj ludzi, którzy palą, niezdrowo jedzą czy piją. Krytykuję zaś tych, którzy to robią i nie widzą w tym nic złego, więc nie chcą tego zmienić, nie ograniczają sobie tego i nie dążą w kierunku poprawy, a coraz bardziej się zatracają.

Bo to dwie ZUPEŁNIE inne sprawy i dwa zupełnie różne typy myślenia, kiedy masz jakiś nałóg, ale wiesz, że go masz i pracujesz nad nim, a z drugiej strony- kiedy albo nawet nie masz świadomości swoich nałogów, albo całkowicie im ulegasz i masz to gdzieś.

Większość palaczy, których znam (w tym ja sam, niestety) ogranicza sobie palenie. Nie są w stanie całkiem rzucić, ale to nie znaczy, że mają kopcić trzy paczki czerwonych szlugów dziennie. Kilku moich znajomych ma to jednak w nosie i pali tyle, ile im się chce. I nie muszę zaznaczać, że to właśnie oni palą najwięcej. Więc podobnie jest ze słodyczami, piwem i tak dalej- nawet jeśli nie jesteś w stanie bez nich żyć, ustal sobie limit, a może nawet zmniejszaj ten limit co jakiś czas, żeby mieć chociaż CZĘŚĆ kontroli nad sobą. To oczywiste i proste, że nigdy nie będziemy kontrolować mózgu w stu procentach, ale im większą część swoich pragnień potrafisz kontrolować, tym lepiej dla Ciebie.

Jeśli źle się odżywiasz, absolutnie nic mi do tego, ponieważ nie uważam, że mam prawo mówić komuś, co ma robić ze swoim własnym życiem. Mam jednak pełne prawo mówić, jakie są wady niezdrowego odżywiania i jakie zalety zdrowego, abyś mógł podejmować decyzje w oparciu o logiczne przesłanki, czyż nie? Czy nie jest to lepsze, niż podejmowanie decyzji w oparciu o widzi mi się?

Czy Twoim zdaniem lepszy będzie chirurg, który przed operacją serca uczył się od innych chirurgów i słuchał ich rad uważnie, czy ten, który myśli: A, zrobię to po swojemu, bo takie mam widzi mi się! Nie wiem, tu coś natnę, tam coś natnę, zobaczymy co wyjdzie. Tu se krzyżyk walnę, żeby śmiesznie było, tam esy floresy... ponosi mnie inwencja twórcza! Zrobię mu kokardkę! He!

No chyba pierwszy chirurg, bazując na cudzej wiedzy i rozeznaniu, a także na sprawdzonej technice operacji, ma większe szanse uratować czyjeś serce, niż ten zwariowany.

I proszę ja Ciebie, w życiu jest DOKŁADNIE tak samo- osoba podejmująca decyzje racjonalne, kalkulowane, logiczne i dokładnie przemyślane, zajdzie dalej, niż osoba, która idzie tam, gdzie ją wiatr poniesie, jak pierd.

Więc nie idź tam, gdzie wiarty niosą, jeśli chodzi o odżywianie. W sensie- rób sobie co tam chcesz, ale jeśli chcesz zwiększać kontrolę nad życiem, to zacznij od prostych rzeczy. Ludziom się wydaje, że na przykład trzymanie się jakiejś diety to jakaś tortura i głupota. Dla mnie dieta to wyzwanie i w sumie zabawa. Mały test psychiki. Większości takich testów nie zdaję, a to daje mi infiormację zwrotną- nad tym jeszcze popracuj, ziomuś.

Co jednak ważniejsze, absolutnie nie musisz, ani ja nie muszę, trzymać się diet. Po co? Nie lepiej po prostu uczyć się umiaru? Nie lepiej mieć zdrowe nawyki, więc jeść zdrowo na automacie, bez konieczności trzymania diet?

Weźmy taką sytuację:

-Ooo, idziemy na Maka, a skoro Mak, to musi być obżarstwo! Frytki powiększone i trzy burgery. Ha. Ooo Jezu, ale się nafaszerowałem. Dramat. Po co mi to było?

Można zjeść Maczka, ale ja ostatnio staram się na przykład brać jednego burgera i małe frytki, zamiast czterech burgerów i frytek. Coś na tym stracisz, jeśli nie nażresz się jak świnia? W sumie nie. Zostanie ci mały niedosyt, ale niedosyt jest bardzo zdrowy, bo doceniasz to, co właśnie zjadłeś. Przejedzenie się jest niezdrowe, bo masz ochotę wyrzygać to, co zjadłeś. Gdzie tu przyjemność?

Ja nawet kilka razy wziąłem w maku sałatkę zamiast frytek. Ludzie patrzyli na mnie jak na debila. Nawet moja narzeczona spytała:
- Sałatka i burger? Serio?

- Chodzi o balans...

- I tak jadłeś niezdrowo trzy dni, więc niezły masz ten balans...

- Kiedyś trzeba zacząć. Lepiej zacząć, niż nie zacząć.

Ale dobra. Żeby nie było, że tylko krytykuję, trochę Cię usprawiedliwię. I siebie oczywiście też.

Nie mówię, że to Twoja wina, jeśli źle się odżywiasz, ani nie oceniam Twoich wyborów. Skoro nie potrafisz kontrolować swoich pragnień (spoko, ja też nie potrafię, ale staram się), musi być w tym jakaś przyczyna. Najpewniej przyczyną jest po prostu świat i system, w którym żyjemy.

Człowiek ma tyle szybkich i przyjemnych sposobów na zaspokojenie głodu, że przyzwyczaja się do tego i nie widzi w tym nic złego. To nie nasza wina, nie musimy się za to biczować, ale z drugiej strony- nie możemy temu ulegać. Wiesz, jeśli na przykład zobaczysz reklamę słodkiego batonika i poczujesz chęć zjedzenia takowego, to nie Twoja wina, tylko producenta i reklamodawcy. To nie Twoja wina, że mózg już taki jest, że ZAWSZE będzie miał ochotę na coś niezdrowego. I to nie Twoja wina, że akurat jakimś cudem tych niezdrowych rzeczy w supermarkecie jest więcej, niż zdrowych.

Śmiem nawet twierdzić, że to nie Twoja wina, jeśli bezwiednie, bez większej analizy, sięgasz po tego batonika, bo po prostu podążasz za swoją chęcią. Większość osób tak robi, tak już żyjemy.

Ale jednak- czy zawsze i wszędzie musisz iść za chęciami? Nie musisz. Czy zawsze i wszędzie musisz działać tak, jak Cię zaprogamowano? Nie musisz. Czy możesz działać inaczej? Możesz. Czy chcesz?

Mike Tyson też miał wybór- czy ulegać negatywnym emocjom, czy nie? Nie był to oczywiście świadomy wybór, ponieważ jako dzieci możemy nawet nie zdawać sobie sprawy z własnych emocji.

Na początku młody Mike wybierał źle i wiadomo, jak to się kończyło. Później, z pomocą trenera, nauczył się wybierać dobrze i został najmłodszym mistrzem świata wagi ciężkiej w boksie, zaledwie w wieku 20 lat, po siedmiu latach treningu.

My, choć nie walczymy o tytuł mistrza świata, codziennie stajemy przed ważnymi wyborami. Czy zjemy coś, co da nam minutę przyjemności, czy coś, co da nam lata życia w dobrym zdrowiu? Czy poleżymy na kanapie i pooglądamy serial, co tak jakby zabierze nam kilka godzin życia, czy pobiegamy godzinę, co doda nam godzin życia? Żadna taka decyzja nie jest ostateczna i na wagę złota, ale wszystkie z nich, po latach, zsumują się na to, kim jesteś, gdzie jesteś i jak żyjesz.

Ludzie potrafią dawać dwulatkom burgery, colę i frytki z sieciówki i ignorować fakt, że trują swoje dzieci. Oczywiście raz na ruski rok można sobie na to pozwolić, ale mówię teraz o skrajnych przypadkach, które dają pociechom tego typu jedzenie na porządku dziennym. Rodzice nie widzą w tym nic złego, albo ignorują fakt, że to niezdrowe, a dzieci, nauczone takiego stylu życia już od najmłodszych lat, kontynuują takie życie. Potem uczą tego swoje dzieci. I kółko się zamyka.

Często śmieszą mnie uogólnione, popularne powiedzenia, bo ludzie wierzą w nie bezkrytycznie, jakby były prawdą objawioną. A często zawierają tylko połowę prawdy. Jest jednak jedno powiedzenie, którego sens warto dobrze zrozumieć i się nad nim głęboko zastanowić, bo zdradza całkiem prawdziwą, życiową zależność:

Silni ludzie tworzą dobre czasy. Dobre czasy tworzą słabych ludzi. Słabi ludzie tworzą ciężkie czasy. Ciężkie czasy tworzą silnych ludzi.

Wydaje mi się, że obecnie jesteśmy w bardzo, bardzo długiej fazie dobrych czasów. Dostęp do rozrywek jest nieograniczony. Szybkiego żarcia mamy pod korek. W supermarketach kuszą nas chipsy, batoniki, słodzone jogurty i piwko. Możemy dosłownie codziennie zalewać się cukrem i korzystać z tego momentu przyjemności, jaki nam się wtedy przewija przez mózg.

Ale zastanów się na chwilę:

Czym się różni szczęście od przyjemności? Szczęście jest długofalowe, a przyjemność to chwila. Szczęście masz wtedy, gdy dzień po dniu, świadomie dbasz o swoje ciało, a więc możesz bez wstydu patrzeć w lustro i cieszyć się, że masz kontrolę nad swoim życiem.

Czemu więc ludzie wolą przyjemność, niż szczęście? Ponieważ patrzą na życie krótkofalowo. Patrzą na to, co będzie dziś. Tu i teraz. A tu i teraz chcą mieć przyjemność. Nie widzą tego i nie myślą o tym, że ta przyjemność po czasie może doprowadzić do tego, że nie będą szczęśliwi.

Jeśli więc komukolwiek miałbym cokolwiek doradzić, byłoby to: Myśl.

Nie nadmiernie, nie tworząc czarne scenariusze. Myśl o tym, co jest dla Ciebie ważne, a co nie. Co w życiu da Ci więcej szczęścia, a co je zabierze. Patrz z szerokiej perspektywy, nie tylko na chwilę obecną.

3. Pijany Ronaldo

Wchodzisz do baru- nachlać się i zapomnieć, jak zwykle. Siadasz, zamawiasz browarka i zaczynasz się nim delektować... A nie, czekaj. Po prostu żłopiesz go na raz, bez żadnej większej degustacji smaków, wszak stawiasz na ilość, nie jakość. Nie jesteś smakołyszem, jak niektórzy mawiają.

Nagle- dostrzegasz, że obok Ciebie siedzi Cristiano Ronaldo i robi dokładnie to samo- ostro chleje.

- Co jest?! Cristiano?! Czy tylko jakiś gość, który wygląda bardzo podobnie? - pytasz nieźle zszokowany

- Tttt ooo jaaa, Cristiano. Sserio.- odpowiada pijany piłkarz z portugalskim akcentem.- Przyjechałem do Polsky żeby grać w waszej lidze, ale zacząłem pić piwwwo, trochę mnie to pochłonęło, wiesz? Wywalyly mnie z klubu, bo przychodziłem pijany każdy dzień, kumasz. Trener się wkurzył na mne, kumasz. Koniec kariery, po ptakach bratku. Za bardzo w nałóg wsiąkłem, jak cebula w deskę do krojenya, kumasz.

- O nie! Zmarnowałeś swój talent, swoje życie... swoją całą przyszłość przez głupie piwsko? Nie jesteś młody, ale nadal dobrze byś zarabiał! Wiele klubów by Cię chciało! A Ty, głupku, zmarnowałeś swój potencjał przez alkohol!

Nagle Cristiano wstaje, ściąga kostium pijanego Ronaldo i uśmiecha się. Wyrzuca za plecy sztuczny kufel piwa i sztuczne piwo. Oczom Twym ukazuje się prawdziwy Ronaldo- w formie, zadbany, pełen ambicji, z bijącymi od niego promieniami sukcesu. Sigma.

- Coś powiedział? Że zmarnowałem potencjał na chlanie? Geniuszu! Zrobiłeś dokładnie to samo!

Budzisz się z tego dziwnego snu i od tego dnia już nie tykasz piwa, a nawet myślisz o nim z pewnego rodzaju wzgardą.
Zmieniasz swoje życie, ponieważ przestajesz je marnować na brzydki nałóg. Uczepiłem się tych nałogów, ponieważ uważam, że czynią z człowieka niewolnika i są doskonałym przykładem. Nie znaczy to jednak, że jeśli nie masz nałogów, jesteś wolnym człowiekiem. Możesz być niewolnikiem swoich przekonań, oczekiwań innych ludzi albo środowiska, które sprowadza Cię na dno.

Powiem Ci, że w praktyce raczej niewielkie są Twoje szanse na to, że przyśni Ci się pijany Ronaldo, który daje Ci lekcję z morałem, ale na szczęście- nie potrzebujesz tego. Każdy z nas może wyciągać mnóstwo lekcji i zdobyć tony życiowej mądrości z innych źródeł, niż sny z elementami objawienia. Nie wiem, z jakiejś książki może, czy coś. Nie musisz oczywiście być zagorzałym czytelnikiem, by być mądrym życiowo i się rozwijać. Musisz jedynie CHCIEĆ chłonąć mądrość. Jak gąbka płyn do naczyń. Jak drewno lakier. Jak menel denaturat.

Bo wiesz, są ludzie, którzy mają na tyle pokory, by przyznać, że wszystkiego to oni raczej nie wiedzą, więc chcą się uczyć. I są, z drugiej strony, ludzie, którzy wiedzą wszystko- ale tylko im się tak wydaje.

Niektórzy ludzie, strasznie mi przykro, że muszę to napisać, są tak bardzo tępi, że absolutnie za nic nie chcą przyjąć do wiadomości, że cokolwiek w życiu można zrobić lepiej, być w czymkolwiek lepszym, rozwijać się. Nie chcą uwierzyć, że coś robią źle i w czymś się chociaż trochę mylą, bo przecież mają wykute jak w skale przekonanie o własnej nieomylności. To właśnie tak, jak sportowcy, którym się wydaje, że już są najlepsi, więc nigdy nie będą najlepsi.

Prawdziwy Cristiano Ronaldo nie miał zbyt latwego dzieciństwa. Urodził się w jednej z najbiedniejszych Portugalskich dzielnic, w rodzinie, która miała spore problemy finansowe i trójkę dzieci (poza Cristiano), a jego ojciec miał problemy z alkoholem.

Od najmłodszych lat wyróżniał się talentem do piłki, który oczywiście sam się nie rozwinął. Godzinami biegał po podwórku i kopał piłkę. Gdy dostał ofertę gry dla Sporting Clube de Portugal, musiał sam wyjechać do Lizbony w wieku 12 lat. Mówił potem, że była to najtrudniejsza decyzja jego życia, ponieważ bał się takiego wyjazdu i mieszkania z dala od rodziny.

Mimo wszystko odważył się i od tej pory jego kariera nabrała rozpędu. Dziś nikomu nie trzeba go przedstawiać. To po prostu żywa legenda piłki nożnej.

Każdy z nas dziedziczy pewne predyspozycje do nałogów po rodzicach. Jeśli Twoi rodzice nadużywali alkoholu, musisz być ostrożniejszy, ponieważ masz większe skłonności, by się od niego uzależnić.

W Polskich biednych dzielnicach alkohol jest bardzo powszechnym problemem i często widzi się nastolatków, którzy z braku lepszego zajęcia szlajają się po mieście i piją piwo. Nie wiem jak w Portugalii, ale podejrzewam, że tak jak wszędzie- im większa jest bieda, tym większa skłonność ludzi do desperackich czynów, przestępstw, uciekania w używki i ogólnie pozostania w biedzie z powodu ciężkiej sytuacji, która nie sprzyja rozwojowi czy nauce.

Nie znaczy to jednak, że każdy, kto urodził się biedny, umrze biedny.

Doskonale wiemy, że niektórzy ludzie z trudnych środowisk wykorzystali to jako motywację, by walczyć o lepszy los.

I to właśnie zrobił Ronaldo. I za to należy mu się gigantyczny szacunek.

4. Dopaminka

Wyobraź sobie teraz, że masz syna. Już w wieku 10 lat Twoje dziecko prezentuje niesamowite zdolności gry w piłkę, ale jest jeden malutki problem- woli grać w gry komputerowe, niż w piłkę. Woli oglądać TikToka, gdzie inni piłkarze zdobywają piękne gole, niż samemu je zdobyć.

Żyjemy w erze pełnej możliwości- możemy spróbować tysiąca różnych rozrywek, jeśli tylko mamy czas i pieniądze. Są również rozrywki niemal darmowe, jak właśnie aplikacje z krótkimi, wciągającymi filmikami. Na takich aplikacjach zarówno dzieci jak i dorośli potrafią tracić godziny dziennie. Nie mnie oceniać, jak pozwalasz spędzać czas swojemu dziecku, ale musisz wiedzieć, że takie oglądanie filmików buduje w psychice dość szkodliwe uzależnienie. A może nawet jedno z najbardziej szkodliwych, bo zaczynające się od najmłodszych lat?

Musisz wiedzieć, że nasze ciało wydziela dopaminę jako hormon nagrody i przyjemności. Gdy zjesz coś słodkiego- dopamina. Gdy wypijesz kawę- dopamina! Gdy zapalisz papierosa- doooopaminaaa! Gdy stosujesz niektóre narkotyki działające stricte na układ dopaminowy, jak kokaina czy amfetamina- DOPAAAAMINAAA x10!

Może nie dokładnie x10, bo każda z takich substancji zwiększa ilość dopaminy w różnym stopniu i zależnie od dawki, ale myślę, że wiesz, o co chodzi. Podczas gdy kawa powoduje mały, nieszkodliwy wyrzut dopaminy, a więc daje małą i zdrową dawkę motywacji, kokaina wręcz obezwładnia mózg dopaminą i czujesz po niej fałszywe poczucie zbytniej pewności siebie, nieśmiertelności i motywacji do robienia czegokolwiek, nawet jeśli to głupie.

Jednak nie tylko substancje chemiczne powodują wyrzuty dopaminy. Taki skok daje również każdy obejrzany filmik.

Ale w czym problem, stary zrzędo?- możesz zapytać.

Wydaje się, że wysoki poziom dopaminy jest dobry, bo przecież to hormon motywacji i nagrody. Niekoniecznie zdrowe jest dostawanie dopaminy za nic.

Po pierwsze, jesteśmy ewolucyjnie zaprogramowani tak, by dopaminę dostawać za coś, co nam służy, ponieważ dzięki temu chcemy robić tego czegoś więcej. Na przykład, jeśli uprawiamy sport, następuje wyrzut dopaminy, więc im więcej ćwiczymy, tym łatwiej nam to przychodzi, ponieważ coraz bardziej podoba nam się ten sport, skoro dostajemy nagrodę- hormon przyjemności. Taka nagroda stanowi motywację, by utrzymać nawyk. Po roku chodzenia na siłownię nie idziesz tam z grymasem na twarzy, a z przyjemnością. Nie wychodzisz z niej smutny, nawet jeśli jesteś bardzo zmęczony. Wychodzisz z potężną dawką satysfakcji i pewności siebie- to jest właśnie, bratku, dopamina.

Co więc się dzieje, jeśli dopaminę dostajesz za nic, bez podjęcia wysiłku? Uczysz swój mózg, że nie trzeba się wysilać, by ją zdobyć. Można na przykład całymi dniami oglądać zabawne filmiki, aby Twoja dopamina stale utrzymywała się wysoko.

Gdy jednak stymulacja się kończy, dopamina opada. A że opada do poziomu niższego, niż wyjściowy, ponieważ mózg zawsze musi sobie odpocząć od stymulacji, czujesz się zmęczony, jakbyś faktycznie wiele zrobił- a nie zrobiłeś nic.

Nie musisz ufać mi na słowo- sprawdź to na sobie. Po prostu odinstaluj wszystkie apki, na których można oglądać krótkie filmiki- TT, YouTube, Facebook i Insta. Spędź TYLKO 3 dni na detoksie. Rób jak najmniej, jedz jak najmniej, dużo medytuj, spaceruj po lesie i rób wszystko, co jest nudne. Możesz też dużo spać, na przykład wspomagając się przez ten czas jakimś naturalnym i bezpiecznym suplementem, jak melatonina.

Nie graj też w gry, nie słuchaj muzyki, a jeśli pijesz kawę- pij minimum. Możesz czuć się jak gówno, ale po tych trzech dniach wróć do działania i zobacz, jak się będziesz czuł. Jak młody bóg, ponieważ mózg odpoczął.

Po drugie dopamina jest uzależniająca. Jeśli systematyczne zalewasz nią mózg, stajesz się na wszelakie uzależnienia podatny, a więc sięgasz po przeróżne źródła dopaminy.

Wszystko w życiu się przeplata, więc na ogół ludzie, którzy ćpają twarde narkotyki, są też skłonni do ryzykownego seksu bez zobowiązań (bo to również podnosi dopaminę), objadania się niezdrowymi rzeczami, palenia fajek i picia kawy litrami.

Z drugiej strony ludzie, którzy nie wpadają w dopaminowy nałóg, mają lepszą kontrolę zarówno nad apetytem, jak i nad swoim pożądaniem, chęcią picia kawy i tak dalej.

No więc, choć wydaje się, że te krótkie filmiki to jakiś taki bonus od życia, skoro możemy w krótkim czasie obejrzeć bardzo, bardzo dużo ciekawych rzeczy, może być właśnie wręcz przeciwnie- może to plaga.

Rośnie nam pokolenie dzieci uzależnionych od dopaminy, wychowanych na grach i TikToku. Jak myślisz, skoro regularnie dostajesz dawki dopaminy z TT i gier, jaką masz motywację, by wyjść na podwórko i bawić się z kolegami czy trenować grę w piłkę? Raczej niewielką.

I tu wracamy do Twojego dziecka- nie chce mu się trenować, ponieważ ma dużo łatwiejsze źródła przyjemności. Nie musi się pocić, biegać, starać, męczyć i irytować na boisku, żeby dostać swoją dopaminę.

Więc jak to się finalnie kończy? Dziecko olewa sport i nie staje się wybitne, choć ma na to potencjał. Wydaje mi się, że choć niektórzy surowi rodzice są dzisiaj postrzegani jak zwyrole, robią dzieciom dużą przysługę, dając im limity albo całkowite zakazy korzystania z takich aplikacji. Potem takie dzieci nie mają zaburzonego systemu pozyskiwania dopaminy, więc uczą się ją zdobywać w zdrowszy sposób.

Irytuje mnie, kiedy ktoś mówi, żeby nie odbierać dzieciom dzieciństwa, gdy na przykład widzimy dziecko, które SAMO zdecydowało się na pracę w wakacje u dziadków, powiedzmy, pomagając im zrywać maliny, no i oczywiście dostając za to zapłatę.

Skoro młoda osoba sama decyduje, że potrzebuje pieniędzy, a następnie chce je zarobić, uważam, że to bardzo normalne i zdrowe. Nasi dziadkowie raczej nie grali na komputerze w wakacje, a też pracowali. Nie wyszło im to na złe. Oczywiście w niczym nie wolno przesadzać i zmuszanie dziecka do pracy po szkole, gdy już jest zmęczone, faktycznie można uznać za odbieranie mu dzieciństwa. Natomiast sytuację, w której młoda, ambitna osoba sama decyduje o podjęciu pracy, należy jak najbardziej chwalić.

Również znajdą się osoby, które uważają, że dzieciom należy pozwalać na wszystko. Począwszy od dawania im codziennie słodyczy, na grze w gry komputerowe po kilka godzin dziennie. Bo przecież, według takich osób, dzieciństwo jest po to, aby się wyszaleć. Takie osoby najczęściej są ofiarami swoich zbyt surowych rodziców i popadają w drugą skrajność, w odwrotny biegun, czyli rozpieszczanie dzieci i brak ustanowionych granic. Jakie są tego efekty?

Dzieciństwo to, oprócz czasu na zabawy, czas, w którym najmocniej kształtuje się psychika, nawyki i nałogi młodego człowieka. I nie wolno, absolutnie nie wolno o tym zapominać. Jeśli wychowasz człowieka uzależnionego od gier, nie robisz mu przysługi, bo mógł się za dzieciaka nagrać, a wręcz przeciwnie- robisz mu potencjalną krzywdę.

Na co marnował czas Ronaldo? Pewnie na nic. Grał w piłkę i tylko to sprawiało mu radość. Paradoksalnie, jego bieda uczyniła go bogatym, bo przez biedę nie miał wielu możliwości na rozrywkę w młodym wieku. Wiele dzieci w jego wieku, które mieszkały w USA, chodziło z paczką znajomych do kina, obżerało się watą cukrową, grało w raczkujące gry na automatach, albo planszówki, albo jeździło na rowerach.

Cristiano pewnie nie miał nawet roweru, jedynie piłkę. I skoro w tym jednym sporcie odnajdywał radość, nic innego nie mogło go zdekoncentrować. Wszystkie wolne chwile spędzał na graniu w piłkę i to zbudowało jego piekielnie dobre zdolności.

Nie chcę być czarnowidzem, ale wydaje mi się, że niedługo sporty drużynowe zostaną całkowicie zdominowane przez dorosłych, którzy jako dzieci albo byli biedni, albo mieli bardzo wymagających rodziców, co ukształtowało ich charakter. Dzieci wychowane na komputerach nigdy nie dogonią dzieci, które od najmłodszych lat szlifowały zdolności cielesne, tak samo jak moje pokolenie, czyli ostatnie pokolenie, które jeszcze bawiło się na dworze, nigdy nie będzie grało w gry komputerowe tak dobrze, jak dzieciaki, które grają w nie już od czwartego roku życia.

Ale czy bycie dobrym w gry komputerowe można uznać za wybitność? Konkurencja w esportach jest ogromna, bo każdy dzieciak chce być takim „sportowcem". Za to konkurencja w realnych sportach stopniowo stanie się mniejsza, bo mało kto będzie miał na tyle samodyscypliny, by trenować fizycznie przez kilka godzin dziennie. Na pewno tej dyscypliny braknie dzieciakom, które obżerały się watą cukrową, a całą dopaminę czerpały z TikToka. Więc jeśli masz dzieci, oczywiście to tylko moja skromna sugestia, nie pozwól im zalewać swojego mózgu dopaminą zdobytą „za nic", za to bardzo solidnie nagradzaj je za wykonywanie zadań domowych, sporty czy naukę. Ustalaj zasady i nie pozwalaj na wszystko. Tak jak dobre czasy tworzą słabych ludzi, tak zbyt dobre dzieciństwo oparte jedynie na przyjemnościach, nie obowiązkach, tworzy słabych dorosłych.

Przy okazji- sobie również dozuj dopaminę □ Nie tylko dzieci się od niej uzależniają. Najczęściej dorośli, bo mają wiele jej źródeł, choć to uzależnienie budowano nam już od dziecka.

5. Wielka kula pokryta rdzą i jakiś dziwny dzieciak

Masz 16 lat. Jesteś w szkole. Życzliwa Pani nauczycielka pyta każdego w Twojej klasie, jakie ma marzenie.

-Chciałbym mieć Ferrari!- mówi Jasio

-A ja chciałabym być sławną aktorką!- mówi Małgosia

-A ja... chciałbym mieć własną firmę i zatrudniać 20 pracowników!- mówi Krzysio

-A ja- odzywasz się, gdy nastała Twoja kolej- chciałbym budować rakiety, które polecą na Marsa!

Cała klasa wybucha śmiechem.

-Oj dziecko! Oj, biedne, naiwne dziecko! Wymyśl sobie przynajmniej jakieś marzenie możliwe do zrealizowania! Albo nie wiem, zejdź na Ziemię, kosmonauto! - komentuje Twoje marzenie Pani Jadzia, nauczycielka.

Dwadzieścia lat później spotkasz się z kolegami z byłej klasy i pytasz Jasia:

-I jak Jasiu, jeździsz Ferrari?

-Nie no, co Ty!

-Dlaczego?

-Jak to dlaczego? Nie stać mnie na Ferrari!

-Domyśliłem się, że Cię nie stać. Ale dlaczego nie spełniłeś marzenia?

-No co Ty, pogrzało Cię? To tylko głupie, dziecinne marzenie!

-A Ty, Małgosiu? Jesteś aktorką? - odwracasz się do koleżanki

-A daj spokój, wiesz, jaka jest konkurencja i ile osób jest lepszych ode mnie?

- A Ty, Krzysiu? Masz firmę?

-Nie no, przecież zjadłyby mnie podatki i formalności. Nie mam do tego głowy, chłopie. A Ty co, budujesz te swoje śmieszne rakietki?

-Tak. Buduję.
Nazywasz się Elon Musk.

Dobra, wiem, że się tak nie nazywasz, ale to był tylko przykład. Przykład marzenia, które wydawało się nierealne, głupie i dziecinne. Musk jako nastolatek czytał niepojętą dla przeciętnego Janusza ilość książek. Do tego stopnia, że musiał chodzić do biblioteki poza swoim miastem, bo w jego własnej zabrakło dla niego książek. Szczególnie zafascynowały go pozycje o kosmosie, a więc był bardzo ciekaw, kiedy ludzkość dotrze na Marsa. Sprawdził stronę internetową NASA i przeżył niemałe rozczarowanie- nie dotrze. NASA nawet nie miała tego w planach, bo było to przedsięwzięcie niezwykle ryzykowne, kosztowne i mało opłacalne.

Może zastanawialiście się, dlaczego ludzkość nie lata już na księżyc? Koszta są... kosmiczne! W czasach, kiedy ZSRR prężyło muskuły i popisywało się swoją technologią kosmiczną, USA musiało robić to samo, bo przecież nie wypada być słabszym, niż Ruscy.

No więc kiedy już wygrali wyścig na księżyc, mogli sobie z tym dać spokój, bo nie było sensu tam latać. Jeśli wierzysz w teorie spiskowe mówiące, że lądowanie na księżycu to fake, powyginaj trochę swój umysł i uznaj człowieczą omylność (czyli fakt, że możesz się mylić, co może wydawać się wręcz nieprawdopodobne) i wyobraź sobie, że jednak faktycznie było takie lądowanie. Spokojnie, nic Ci się nie stanie od używania wyobraźni. Chyba. Na pewno to lądowanie było kosztowne, więc lot w żelaznej puszce na Marsa to jeszcze większe koszta. A ludzie się burzą! -Dajcie te pieniądze na leniwych, niepracujących ludzi i leczenie otyłości, żebyśmy mogli bez konsekwencji jeść cheeseburgery!- mówią.

No więc NASA ulega. Olać księżyc. Nie dosłownie, bo raczej nikt nie dosięgnie, ale wiecie, o co chodzi. NASA przestaje się aż tak przykładać do rozwoju ludzkości, bo nie ma na to funduszy. Więc nie chcą lecieć na Marsa. No bo... toż to szalone, czyż nie?

A jeden szalony dzieciak- Elon Musk- tak bardzo irytuje się zaistniałą sytuacją, że najpierw wpada w dołek psychiczny, a potem postanawia, że on przyczyni się do rozwoju technologii lotów kosmicznych na Marsa. Mając kilkanaście lat, obiera sobie takie nierealne, głupie i naiwne marzenie.

A po kilkudziesięciu latach je realizuje. Nie wylądował na Marsie (jeszcze), ale rozwinął technologię do tego stopnia, że loty takie już nie wydają się niemożliwe. Nie wydają się nawet zbyt odległe. Są kwestią czasu.

Możesz pomyśleć, że Elon marnuje kasę, bo mógłby zażegnać problem głodu na świecie. Powiedzmy jednak, że za kilka tysięcy lat jakaś wielka asteroida będzie lecieć w kierunku Ziemi i trzeba będzie uciekać. A może Ziemia stanie się tak gorąca i pełna kataklizmów, że stanie się niezdatna do życia? A może płyty tektoniczne zaczną gwałtownie pękać i nie będzie na Ziemi ani jednego spokojnego, zdatnego do życia miejsca?

Technologia nie rozwija się w sekundę. Rozwija się latami. Wolałbyś, żeby za te kilka tysięcy lat ludzkość była wobec takiej sytuacji totalnie bezbronna i wyginęła z powodu braku technologii, czy może jednak chciałbyś, jak każdy rozsądny człowiek, aby nasz gatunek miał plan B na przetrwanie takiego kryzysu, jak właśnie lot na inną planetę? Sam lot to nie wszystko, bo trzeba by też tam zbudować bazę. Może nie stanie się to za mojego życia, a może nawet za życia moich potencjalnych dzieci, ale im szybciej, tym lepiej.

No i oczywiście ktoś to w końcu musiał zapoczątkować. A tą osobą musi być jakiś „obrzydliwy bogacz", bo inni raczej nie mają na to środków. I wiesz, równie dobrze Musk mógłby wydać swoje środki na nieruchomości, koks i prostytutki. Chyba jednak ma większe ambicje. Często śpi na kanapie w swojej firmie, nie posiada luksusowych jachtów ani kolekcji samochodów. Nie szpanuje bogactwem, nie bawi się w jakieś kluby dla snobów ani w wyścig o to, kto zarobił najwięcej dla samego sportu. Nie jest więc jednym z tych „złych" bogaczy, którzy żerują na ludzkim cierpieniu i robią to tylko z chęci pławienia się w luksusie. On po prostu ma wizję. Po prostu robi coś, co przyczynia się do rozwoju ludzkości, bo miał takie marzenie.

Przy okazji- Mars jest czerwony, bo pokrywa go tlenek żelaza (rdza).

Zapytaj teraz siebie:

Jakie Ty masz marzenia? Które jest najważniejsze?

Co robisz każdego dnia, by się do niego zbliżyć?

Jak ważne jest dla Ciebie Twoje marzenie? Czy serio chcesz je osiągnąć, więc pokonasz każdą przeszkodę na swojej drodze, czy może poddasz się jak większość ludzi?

6. Mądry chłopak, ale bez ambicji

Masz 17 lat. Urodziłeś się na malutkiej, polskiej wsi. I absolutnie nie jest to żadna ujma, ani przeszkoda. Ba- życie na wsi jest super! Masz tam spokój i ciszę. Twojej uwagi nie zajmuje zgiełk miasta ani pościg za pieniądzem, ani jakaś chęć na awans społeczny. Wiedziesz proste, zwyczajne życie, które lubisz, choć sam nie jesteś taki zwyczajny. Lubisz dowiadywać się nowych rzeczy. Nie lubisz wprawdzie czytać książek (bo w sumie na swojej wsi masz tylko jedną małą bibliotekę szkolną, w której nie ma nic ciekawego), ale lubisz seriale dokumentalne i czasopisma naukowe. Jesteś wyjątkowo łasy na wiedzę, od najmłodszych lat lubisz pochłaniać ciekawostki i fakty, ciekawi Cię świat i pragniesz znać odpowiedzi na wszystkie pytania.

Ktoś kiedyś zapytał Cię: -Jakie masz marzenia?
I szczerze odpowiedziałeś: Nie wiem!

Więc postanowiłeś szukać swojego marzenia. Obejrzałeś doktora House i stwierdziłeś: W sumie fajnie byłoby być lekarzem.

Stało się to jednym z Twoich marzeń, jednak wiesz, że aby to zrobić, musisz najpierw bardzo dobrze się uczyć, potem iść na długie studia, a potem znosić gigantyczny stres pracy jako lekarz. Sporo wysiłku, wyrzeczeń i czasu. A poza tym nienawidzisz szkoły, chociaż w miarę dobrze się uczysz. Nienawidzisz tego, że ktoś mówi Ci, co masz robić. Choć bycie lekarzem wydaje się pracą marzeń, nie chcesz tych lat w szkole „tracić" na naukę czegoś, o czym uczyć się nie lubisz.

-Niee, to za trudne!- mówisz i olewasz temat.

Później widzisz różnych miliarderów i masz marzenie, żeby mieć własną firmę. Wielką i dochodową. Gdy jednak zgłębiasz temat i okazuje się, że to nie takie hop siup, znowu mówisz- niee, za trudne! Znajdę inne marzenie! Jakieś prostsze! Uwielbiam proste życie! A prowadzenie firmy to pewnego rodzaju komplikacja życia. Mnóstwo stresu, odpowiedzialności, formalności i tak dalej.

Zaczynasz trenować na siłowni. Przez długi czas Twoim marzeniem jest bycie największym, najsilniejszym kolesiem w okolicy, ale widzisz też ludzi, którzy trenują od lat i są już dużo więksi, więc zdajesz sobie sprawę, że to nierealne.

Poza tym bycie profesjonalistą w kulturystyce wymaga ogromnej kontroli nad tym, co jesz, a z jednej strony nie chce Ci się aż tak trzymać diety, a z drugiej- nie stać Cię na to. No i dochodzą suplementy, albo jakieś strzykawki, a to też kosztuje □

Potem, po zobaczeniu, jak zabija się świnię, stajesz się weganinem i masz marzenie, aby zwierzęta nie cierpiały, więc starasz się promować weganizm przez internet, ale ludzie olewają Cię i szydzą z Ciebie, chociaż chcesz tylko zrobić coś dobrego. Smutne. Kolejne marzenie idzie w odstawkę.

Zaczynasz sobie dorabiać jako copywriter i masz marzenie, by zacząć na tym zarabiać, jednak konkurencja jest tak duża, a rynek tak nasycony, że taki amator jak Ty nie ma tam szans. Przynajmniej tak sobie mówisz. Pisanie przychodzi Ci dość ciężko, choć masz do tego smykałkę, jesteś nadal nastolatkiem i masz mało pomysłów na treści, więc nie piszesz szczególnie dużo, a po każdym artykule boli Cię łeb. Nie, jestem w tym kiepski- mówisz sobie. Marzenie do piachu.

Zaczynasz kanał na YouTube i masz marzenie, by być YouTuberem. Przez rok nabijasz tylko 20 subskrypcji, więc marzenie idzie do piachu. Ale zakładasz też 3 inne kanały o różnej tematyce, więc może akurat któryś z nich się rozwinie?

I tak próbujesz po kolei sił w różnych rzeczach, ale są dla Ciebie bardzo trudne, a Ty czujesz się słaby. Nie wierzysz, że zwykły, młody chłopak ze wsi może coś osiągnąć, choć niby desperacko byś tego chciał. Im więcej trudności, tym mniej Twoich chęci do parcia naprzód. Nie masz jaj, by walczyć o jakiekolwiek marzenie. A może po prostu żadne nie wydaje się na tyle ważne, by o nie jakoś mocniej zawalczyć.

Gdzieś w międzyczasie sporo udzielasz się na forum internetowym i bawisz się w „wujka złotą radę", bo czujesz się potrzebny, gdy ktoś dzięki Tobie ma poprawiony humor. Twoim marzeniem na chwilę staje się bycie psychologiem, abyś mógł pomagać ludziom, jednak po zgłębieniu się w temat chorób psychicznych i tego, jak wygląda praca psychologa, stwierdzasz, że nie miałbyś jaj, by na co dzień zmagać się z takimi przypadkami.

Zaczynasz pisać wiersze, a potem rap. Wysyłasz swoją książkę dla dzieci pisaną wierszem na konkurs Biedronki, no i masz marzenie, że ktoś ją wyda, a Ty staniesz się sławnym poetą. Potem wysyłasz wiersze na różne konkursy, ale nigdy nic nie wygrywasz. Nagrywasz kilka kawałków rapowych, a piszesz ich ponad 200, ale Twoje flow (zdolność rapowania z rytmem melodii i operowania głosem) to dramat. Miałeś marzenie o byciu raperem, ale już go nie masz.

Rok przed maturą orientujesz się, że w sumie mógłbyś być farmaceutą. Ale wiesz- wybrałeś zupełnie inny kierunek szkoły, więc nie uczysz się ani rozszerzonej chemii, ani biologii, które są do tego niezbędne. No więc zaczynasz się uczyć i masz rok. Biologia idzie jak masło, ale chemia... to jakiś dramat. Nie masz ani motywacji, ani dyscypliny, ani nawet chęci zrozumienia tych wszystkich wzorów. Że już nie wspomnę o środkach na korepetycje. Uczysz się z neta.

Maturę z biologii rozszerzonej zdajesz na 50%, chemię zaś na 13%. I tak nie są Ci już potrzebne, bo gdzieś w międzyczasie zdecydowałeś, że lecisz do jakiejś europejskiej stolicy, bo poznałeś dziewczynę, z którą chcesz spędzić życie. Nie jest to decyzja łatwa ani tym bardziej przyjemna, bo porzucasz to, co znasz i to, co lubisz, na rzecz niewiadomego, ale coś Cię tam mocno pcha.

I tak lądujesz, powiedzmy, w Sztokholmie, gdzie Twoja strefa komfortu zostaje brutalnie zburzona. Wcześniej byłeś totalnym samotnikiem, który najlepiej czuł się zamknięty w pokoju z komputerem albo telefonem, a teraz musisz tworzyć jakąś dziwną relację z drugim człowiekiem.

Dodatkowo, z braku innych możliwości, zaczynasz pracę na budowie, a masz dwie lewe ręce. Czego się nie robi z miłości?

Przez kilka lat narasta w Tobie frustracja i rozczarowanie życiem. Nie spełniłeś ani jednego marzenia, a wciąż dochodzą nowe. A życie, podczas którego ciężko tyrasz na budowie, z marzeniem niewiele ma wspólnego. Rzeczywistość okazuje się smutna, trudna i zupełnie nie do zaakceptowania.

Zaczynasz interesować się giełdą i wymyślasz ciekawy sposób na inwestowanie, o którym nigdy wcześniej nie słyszałeś. Widzisz w nim wielki potencjał, więc masz marzenie, by zostać legendą giełdy. Inspirują Cię tacy ludzie jak George Soros, Warren Buffett, Michael Burry czy najbardziej- Jim Simons. Twój sposób inwestowania wymaga dużych szlifów, więc głowisz się nad tym dwa lata.

Wreszcie, gdy już Ci się wydaje, że znalazłeś ten jeden, ostateczny brakujący element, który sprawi, że Twoja autorska metoda wzbogacania się na giełdzie zadziała jak złoto, sprawdzasz ją na rynku i faktycznie działa... ale przestaje! Gdy warunki na rynku się zmieniają i następuje hossa, Twoja metoda traci efektywność i nie wiesz dlaczego. Odstawiasz to marzenie na bok i postanawiasz, że wrócisz do niego, gdy trochę zmądrzejesz.

Gdzieś w międzyczasie zaczynasz pracę jako dietetyk, co było Twoim nowym marzeniem, odkąd porzuciłeś plany z farmacją. Dietetyk to taki trochę mniejszy lekarz do mniej nagłych przypadków, nie? Też pomagasz ludziom i bardzo Cię to cieszy.

Ale jednak... nadal jest jakaś pustka. Jakaś irytacja. Jakaś niezgodność. Coś byś chciał od życia, ale nie wiesz, co.

Gdy skuwasz płytki w szkolnej łazience małym młotem pneumatycznym, a ich odłamki lecą Ci na ryj (na szczęście masz okulary), jesteś coraz bliżej załamania psychicznego i mówisz sam do siebie:

- Jeszcze kilka dni w tej pracy i pierdolnę tym młotem pneumatycznym i odejdę!

-Vad? - pyta kolega szwed

- Nothing, kurwa... - odpowiadasz, ni to po polsku, ni to po angielsku.

Aby nie mieć poczucia, że goniące po głowie myśli wpędzają Cię w coraz większego doła, zaczynasz słuchać audiobooków. Kilka średnich pozycji, kilka dobrych, kilka gówien... aż w końcu trafiasz na „Zostań legendą sportu" Piątkowskiego. I choć do legendy sportu Ci daleko, chcesz poznać myślenie, jakim cechują się wybitni sportowcy, bo wiesz, że można to przenieść na życie codzienne.

Piątkowski daje Ci skurwysyńsko mocnego liścia w twarz i jest niczym oczyszczający prysznic albo wielki haust świeżego powietrza. Ironią jest to, że cały czas pracujesz w okropnym pyle i masce przeciwpyłowej, więc czujesz się brudny nie tylko od swoich negatywnych myśli i depresyjnych przekonań, ale też fizycznie.

Nie wiesz, czy nawet ten audiobook nie wyrwał Cię z początków depresji. Pozwolił Ci zrozumieć, że w życiu po prostu musisz znieść pewną dawkę cierpienia, a zniesiesz je, jeśli wiesz, że ono prowadzi Cię do czegoś większego.

Do czego? Jeszcze nie wiesz. Ta niewiedza cholernie mocno Cię niepokoi, ale masz już przynajmniej przekonanie, że nie cierpisz na marne, tylko jest to pewnego rodzaju etap w Twoim życiu. Jakaś dziwna próba charakteru. Nie będziesz tak żył przez wieczność, spokojnie. Jesteś twardym skurczybykiem i zobaczysz, że niedługo uwolnisz się z tej pracy. A wtedy zaczniesz spełniać swoje marzenia, czyż nie? Żeby się uwolnić, zacznij odkładać hajs, a nie wydawać go, jak masz w zwyczaju. Ot, pierwszy krok.

Wreszcie, po bodajże pięciu latach pracy w miejscach, których nienawidzisz, z ludźmi, z których dużej części nie lubisz, a oni, pod przykrywką uczenia Cię czegoś, patrzą na Ciebie z politowaniem, bo nie masz smykałki do pracy na budowie, uśmiecha się do Ciebie szczęście: Zostajesz zwolniony i dostajesz prawo do odszkodowania z tytułu bezrobocia. To taka forma szwedzkiego zasiłku, który płacą Ci przez ponad rok.

Myślisz- ileż ja teraz produktywnych rzeczy zrobię! Będę miał tyle czasu!

No i co robisz? Głównie grasz w gry i czytasz książki. Dobrze przynajmniej, że książki jako tako rozwijają. Próbowałeś swoich sił w sprzedaży na Etsy, osiągnąłeś nawet mały dochód dodatkowy, ale nic wielkiego, z czego można wyżyć. No i nie trwa to długo, bo popyt na to, co sprzedajesz, powoli spada. Gdybyś wstrzelił się w to rok wcześniej, gdy było to w fazie największej popularności, a konkurencja była mała, mógłbyś teraz mieć z tego dochód. Nie udało się, ale przynajmniej masz nauczkę, że trzeba ze wszystkim wchodzić na rynek w odpowiednim czasie- czyli najwcześniej, jak się da.

Próbowałeś też trzech innych form biznesu online. Skubnąłeś trochę doświadczenia w sprzedaży i marketingu, a także trochę zysków, ale nic nadzwyczajnego.

Masz wrażenie, że zmarnowałeś ten rok. Miałeś przecież zrobić tyle rzeczy... a nie zrobiłeś nic. No, prawie nic. W każdym razie nic znaczącego.

W końcu, gdy leżysz i nie możesz zasnąć z powodu myśli kotłujących się w głowie, Twoja skłonność do tracenia bezcennego czasu na pierdoły dociera do Ciebie z wielką mocą. Na dodatek przypominasz sobie słowa najlepszego przyjaciela, który powiedział Ci prawie 10 lat temu:
- Skurczysynu! Ja myślę, że Ty kiedyś coś napiszesz i będziesz sławny!

Powiedział to, gdy przeczytał jeden z Twoich pierwszych artykułów. I uświadamiasz sobie, że zawsze, ale to zawsze chciałeś napisać książkę. Więc czemu tego nie zrobiłeś, skoro miałeś rok bezrobocia i wielką, cholerną klepsydrę piachu, który przesypał się, godzina za godziną, gdy grałeś w gry?

- No bo... przecież nie potrafię!- tłumaczysz się sam przed sobą

-Skąd wiesz? - pyta wewnętrzny motywator

-No przecież próbowałem już i z pięć książek wylądowało w koszu albo w folderze „wieczne przeczekanie", bo nie miałem pomysłu, co pisać dalej.
-Ale artykuły jakoś umiesz pisać?
- Co innego napisać sobie w wolnym czasie dwa artykuły na tydzień, a napisać pełnowymiarową książkę.
- A może nie dowiesz się, czy potrafisz, dopóki nie spróbujesz?
- A jak spróbuję i się dowiem, że nie potrafię?
- To będziesz mądrzejszy. A jak potrafisz?

- To spełnię marzenie!
- To na co czekasz?

- Na wenę? Na dogodną sytuację? Na motywację? Pomysł?

-Ile będziesz tak czekał? Zacznij bez weny. Olej to. Zacznij i zobaczysz, co dalej.

-Zacznę! Ale o czym?
- A o czym najbardziej lubisz czytać i słuchać audiobooków?

- O motywacji.

- No i już masz temat. Dziękuję, dobranoc.

W ten oto sposób doznajesz olśnienia i w końcu dociera do Ciebie, co chciałeś całe życie zrobić i jakie jest Twoje największe marzenie. Marzysz, by zostać pisarzem, który napisze coś, co ludzie będą czytać.

Gdybyś już od wieku nastoletniego wiedział, jakie jest Twoje największe marzenie, a nie ignorował je, mógłbyś być już o wiele dalej, a Twój talent do pisania byłby dziś o niebo lepszy, bo rozwinięty latami praktyki. Ale trudno, lepiej zacząć późno, niż wcale!

No i tu jest kluczowa rzecz, nad jaką warto się zastanowić. Zapytaj jeszcze raz samego siebie- jakie jest Twoje największe marzenie, jak zamierzasz je spełnić... i czy w ogóle zamierzasz?

Mówi się, że marzyć każdy może. I to prawda. Bo może. Ale nie każdy może i nie każdy chce coś z tym marzeniem zrobić, a bardzo smutne byłoby, gdybyś nigdy nawet nie spróbował o nie walczyć. Bo przecież marzenie będzie dużo milsze, gdy nie będzie tylko tkwić w Twojej głowie, a stanie się częścią Twojego życia.

Nigdy nie zapominaj o tym, jak ważna jest ambicja. Nie porzucaj jej. Jeśli masz potencjał, rozwiń go. Bądź jak Elon Musk- jeśli wiesz, co chcesz w życiu robić- po prostu to rób. Jeśli wiesz, co jest dla Ciebie ważne, walcz o to. Jeśli nie wiesz, szukaj tego.

Zupełnie nieznany i całkiem anonimowy gość z historii opisanej powyżej całe dzieciństwo i okres nastoletni miewał mniejsze bądź większe marzenia, bo interesował się wszystkim po trochu, ale nie trafił przez wiele lat na nic, co mogłoby mu wskazać właściwą drogę, czyli fakt, że najbardziej w życiu chce pisać.

Wielu ludzi nigdy nie dostanie takiej wskazówki od losu, bo przecież my sami musimy to odkryć. Tego nie powie nam mama, tata, sąsiad, listonosz, czy ksiądz. My sami musimy zadawać sobie pytania i szukać na nie odpowiedzi. A w świecie, w którym mamy dostęp do setek możliwości, a ilość ścieżek kariery do wyboru jest ogromna, warto tym bardziej skupić się na jednej, która wydaje nam się najlepsza, no i zacząć działać, a nie tylko marzyć.

Dopóki nie zaczniesz działać, nie dowiesz się, czy jesteś w czymś dobry, czy nie. Dopóki nic nie zmienisz, nic się nie zmienia.

7. Zmiana

Pewnego razu, za siedmioma górami... albo za monopolowym- żył pewien człowiek imieniem Janusz. Bardzo lubił trunki niskoprocentowe. Wysokoprocentowymi również nie pogardził. Zebrał się wraz z kolegami na codzienny rytuał degustacji napoju chmielowego na ławce.

Gdy dało się słyszeć pierwsze syknięcie otwieranej puszki, podjechał pod nich bardzo elegancki, sportowy samochód. Opuściła się szybka i ze środka wyjrzał mężczyzna w garniturze.

-Przepraszam, Panowie! Wiecie może, kto w waszej okolicy ma duże pole, które chciałby dzierżawić? Reprezentuję firmę fotowoltaiczną i chcemy wybudować niewielkie farmy solarne, ale potrzebujemy gruntów.

- Pewnie, ja wiem! - odpowiedział Janusz- Już Ci daję namiary!

Wsadził rękę do kieszeni i wyciągnął z niej dłoń z wyprostowanym środkowym palcem:

-Goń się, bogaczu Ty jeden!- krzyknął do mężczyzny
- Ej, po co ta nienawiść? Pytam was normalnie, jak ludzi. Co ja wam zrobiłem?
-Jak to co? Jesteś bogaty, to pewnie kradniesz! Dobrzy ludzie tacy jak my, nie Mieciu, biedują przez takich jak Ty, kutafonie złamany!

-Ta, przez takich jak ja! Wcale nie przez wasze lenistwo i pijaństwo!

Wkurzony Janusz rzucił butelką w bogacza i rozbił mu boczną szybę w aucie.

-O Ty menelu! Zapłacisz mi za to!
- Niby z czego? Haha.

Kilka dni później Januszowi przyszło pocztą wezwanie do uregulowania zapłaty za szkodę, którą wyrządził. 1000 PLN, albo sąd. No nieźle.

Zdesperowany Janusz poszedł do swojej pierwszej pracy od dziesięciu lat. Został monterem paneli fotowoltaicznych. Pracował tak ciężko i wytrwale, że aż zadziwił swojego kierownika. W międzyczasie, gdy metabolity alkoholu stopniowo opuszczały jego organizm, a proces myślenia stawał się klarowny, dotarło do niego, że zrobił głupotę. Mało tego- robił głupoty od lat, pijąc piwo bez umiaru i marnując na to czas.

-Jak to się stało? Byłem młodym, ambitnym chłopakiem z pasją, a teraz jestem złym na cały świat żulem! Tak być nie może! Rzucam ten nałóg w cholerę.

Oczywiście Janusz nie mógł tego zrobić od razu, ponieważ groziłoby to śmiercią. Trzymał się minimalnej dawki, aż po czasie, zmniejszając nawet ją, całkiem pozbył się nałogu.

Po kilku miesiącach kierownik awansował Janusza na wyższe stanowisko. Powoli wszystko zaczynało się układać. Wystarczyło pozbyć się największej przeszkody w życiu- nałogu- a stopniowo życie wracało do względnej normy. Oczywiście nie było to łatwe, jak w jakiejś książce, a był to proces bolesny, wymagający i długotrwały. Janusz wiedział jednak, że było warto, bo teraz był nową osobą. W sensie- był na poziomie wyjściowym, czyli tym, który miał przed nałogiem. Mimo tego był o wiele bogatszy w doświadczenie i wiedział, że powinien doceniać swoje życie i szanować swoją pracę, ponieważ pozwala mu ona skupić się na czymś, dzięki czemu nie myśli o piciu. Dzięki temu, że Janusz doceniał swoją pracę, był w niej naprawdę niezły. Nie przeszkadzały mu nadgodziny. Nie dał się wykorzystywać, rzecz jasna, ale robił o wiele więcej, niż koledzy, ponieważ mu się to opłacało. Kierownik widział jego starania i dawał miłe dla portfela premie.

Po kilku latach awansował na przedstawiciela handlowego.

-Janusz, jutro będziesz pracował z Maćkiem. On wprowadzi Cię w temat. Nauczy, jak to wygląda. To bardzo pozytywny gość, niczym się nie stresuj. Dasz radę, a w razie czego on pomoże.

Maciek, jak się okazało, był tym samym człowiekiem, w którego samochód Janusz lata wcześniej rzucił butelką.

-O choroba! - rzekł Janusz, gdy tylko dostrzegł, z kim pracuje- Oby mnie nie poznał!

- Hej, Ty! Poznaję Cię! - mówi Maciek – Nie byłeś kiedyś żulem spod sklepu?

-Ja? No co Ty! Gdzie, ja? W życiu! Ja żulem?! Absolutnie!

-Byłeś! Ale spoko, już dawno masz wybaczone tamto przewinienie, nikt nie jest idealny. Wiem, że wielu ludzi nie kontroluje swoich emocji z powodu wewnętrznej frustracji, w jakiej żyją. Nałogi nie pomagają w tej samokontroli, a wręcz wyżerają człowieka od środka i sprowadzają na dno. Dlatego bardzo się cieszę, że z tego wyszedłeś i zmieniłeś swoje życie. Jak Ci się to udało, stary? Opowiadaj!

-No... w sumie to po prostu stwierdziłem, że nie chcę takiego życia, jakie miałem! Podjąłem jedną, solidną decyzję o rzuceniu picia i mi się udało.

-Brawo!

Moim zdaniem nigdy nie jest za późno na zmianę życia, ponieważ taka zmiana może zajść dosłownie w każdej chwili, kiedy wyrazisz na to chęć. I nawet nie musisz chcieć, jak w powyższym przykładzie, górnolotnie i ambitnie zmieniać calutkiego życia o 180 stopni, bo to trudne. Ludzie zazwyczaj zmieniają się kawałek po kawałku.

Więc ktoś, kto codziennie je na śniadanie pączka, popija go słodzoną kawą, do obiadu zamawia ciastko, a na kolacje je lody, może mieć pewne trudności z rzuceniem słodyczy czy ogólniej- niezdrowych pokarmów- z dnia na dzień. Wielu byłych palaczy mówi, że rzuciło palenie tak po prostu, całkowicie w jeden dzień- i pełen podziw dla nich- ale nie każdy ma tak dużą motywację, by w tym wytrwać, bo palenie to dość mocny nałóg. Podobnie jest z jedzeniem, które w jakiś sposób nas uzależniło.

Oczywiście nie chodzi o sam cukier. Dziś masz do wyboru sporo zdrowych źródeł cukru, jak owoce, ale kto by się tym przejmował? Pączki, czekolada i żelki są smaczniejsze. Cukier w niewielkiej ilości, w towarzystwie błonnika, który sprawia, że jest wolno przyswajany, nie robi zdrowemu człowiekowi krzywdy. Zupełnie tak, jak benzyna nie robi krzywdy, jeśli używasz jej tak, jak należy. Ale jeśli zrobisz z benzyny koktajl Mołotowa, będzie to zabójcza bomba. Podobnie, jeśli weźmiesz dziesięć łyżek cukru i rozpuścisz je w litrze napoju, będzie to zabójcza bomba, która z owocami nie ma nic wspólnego.

Nie uważam, że rzucenie słodyczy jest łatwe i nie oceniam ludzi, którzy są od nich uzależnieni, ale nie zamierzam też owijać w bawełnę i mówić, że wszystko nagle samoistnie się rozwiąże, albo że dowolny nałóg nie ma dla człowieka żadnych konsekwencji. Dopóki Ty nie zechcesz jakkolwiek zacząć przejmować kontroli nad tym, co jesz, ile jesz, albo kiedy jesz, nikt Ci tej kontroli nie da.

Pamiętaj, że niezdrowe jedzenie w nadmiarze, zupełnie jak alkohol, może prowadzić do przyćmionego myślenia. Jak już wspomniałem, gdy masz tanie i łatwodostępne źródła szybkiej dopaminy, nie szukasz innych, a zadowalasz się tym, co działa najszybciej.

Bardzo ważne w życiu człowieka jest to, by nie oczekiwał nagrody za nic. Słodycze to taka właśnie nagroda za nic. Gdy nie jesz słodyczy, musisz sobie jakoś inaczej poszukać dopaminy, więc masz pewną dozę dodatkowej motywacji do pracy. Pracujesz ciężej, lepiej, wydajniej. Praca daje Ci satysfakcję, a dodatkowo jakieś szanse na rozwój. Jeśli Twoja praca jest raczej mało rozwijająca, szukasz dopaminy, realizując swoje hobby. Może pomagając innym. Może zaczynając uprawiać jakiś sport? W każdym razie- szukasz jej, bo jej nie masz na tacy. Nic, co podane na tacy, nie jest zdrowe dla umysłu.

Gdy piszę o rzuceniu słodyczy, nie mam na myśli pójścia w drugą skrajność i jedzenia samego tłuszczu, bo to na długą metę też będzie niezdrowe. Można rzucić produkty przetworzone z cukrem dodanym, a trzymać się trzech porcji owoców dziennie, co pozytywnie wpłynie na zdrowie. Można robić posty przerywane, aby okres umiarkowanego głodu stanowił również post od dopaminy.

Generalnie, rób cokolwiek, co będzie na Ciebie działać i nie trzymaj się jednej metody, bo na przykład wujek Staszek powiedział, że ta metoda działa, a ciocia Jadwiga potwierdziła. Coś, co działa na jedną osobę, może nie działać na inną. Dlatego warto testować wiele rzeczy.

Bawią mnie ludzie, którzy słysząc o jakiejś nowej diecie, śmieją się, szydzą i wyzywają jej autora:

-Ha, znowu jakiś wymysł! Dieta z dużą ilością warzyw? Phi! My już mamy dobrą dietę, nie Halyna? Na śniadanie kanapki z margaryną i szynką, no i plasterek pomidora cieniutki jak skrzydło motyla, żeby ciut tej witaminy C dostarczyć. Na obiad mielone z łyżką surówki. Na kolację kiełbasa na gorąco. Czego chcieć więcej?

Dla mnie każda nowa dieta to jakaś ciekawostka i jakaś opcja do spróbowania. Nie mówię, że każdej nowej diety próbuję, ale każdą analizuję i zastanawiam się, czy ma ona sens, czy nie, a jeśli ma- co w niej jest dobrego.

Nowe odkrycia, pomysły i tak dalej- są jak szanse. Z szans należy korzystać.

Są zatem osoby, które śmieją się z wszystkiego, co nowe, nieznane, inne. Każdą nową dietę uważają za dziwny wymysł, a każde nowe odkrycie naukowe za spisek. Ale są też osoby chcące się rozwijać mentalnie, więc próbują nowości. Każda taka próba, nawet jeśli zakończysz ją po trzech dniach, czegoś Cię uczy. Wzbogaca Cię. Pozwala Ci poznać różne aspekty działania ludzkiego ciała i spojrzeć na nie inaczej.

Sęk w tym, że nie można żyć w nienawiści do wszystkiego, co lepsze, bo to tak, jakby automatycznie zgodzić się na bycie gorszym.

Wróćmy na chwilę do człowieka, który zezłościł się na bogacza tylko dlatego, że ten był bogaty, po czym rzucił w niego butelką. Wielu ludzi żyje w takiej nienawiści do ludzi bogatych, a to dosłownie tak, jakby zapisali sobie w mózgu markerem: on jest bogaty, a ja biedny!

Tworzenie takich barier myślowych w żaden sposób nie pomaga w wyjściu z biedy, czyż nie?

Podobnie, w świecie diet, są ludzie, którzy jedzą samo mięso albo sam tłuszcz, więc nienawidzą wegan, którzy jedzą same rośliny, a weganie nienawidzą ich. Po co ta cała cholerna nienawiść i tworzenie sobie dodatkowych murów, podziałów i powodów do kłótni? Nie lepiej zrozumieć drugiego człowieka?

Skoro weganie mówią, że czują się lepiej na swojej diecie, to pewnie brakowało im witamin i minerałów, których wysokie stężenia mamy w roślinach- jak witamina C, magnez, potas, krzem, bor, witamina A, witamina K, albo mieli stany zapalne i zostały one zredukowane przez przeciwutleniacze, których duże ilości są w warzywach i owocach.

Skoro z drugiej strony osoby na diecie keto też czują się lepiej, może mieli niedobór witamin rozpuszczalnych w tłuszczach, takich jak A, D, E, no więc polepszyło im się. Mogli też mieć słaby metabolizm cukru, bo od lat jedli go za dużo, więc skrajna zmiana jest dla nich bardzo mocno odczuwalna i służy im.

Zamiast osądzać, krytykować i śmiać się ze strony przeciwnej, tworząc mury, starajmy się zrozumieć siebie nawzajem.

Dopóki nie wejdziesz w czyjeś buty, możesz jedynie zgadywać, co ta osoba czuje i dlaczego to czuje. Ale wiesz, nawet zgadywanie coś Ci podpowiada. Większość ludzi nawet nie próbuje zgadywać i olewa to, co myślą inni. To bardzo duży błąd myślowy, ponieważ ogranicza Ci rozwój. Gdy nie rozumiesz innych, zamykasz sobie wiele perspektyw, które mogłyby Ci poszerzyć horyzont widzenia rzeczywistości.

Podobnie właśnie myślał Pan z przykładu z fotowoltaiką, ponieważ nienawidził kogoś, kto wydawał mu się żyć po przeciwnej stronie muru- kogoś bogatego.

Tymczasem żadnego muru nie było. Tworzymy go sobie sami.

Biedny człowiek zrozumiał swój błąd, zaczął ciężko pracować i pozbył się swojego największego mankamentu, więc też został bogaty. Pozbył się nienawiści, gdy zrozumiał, że nie jest ona zdrowa.

Więc jeśli również żyjesz w jakiejś nienawiści- postaraj się wybaczać ludziom i ich rozumieć, a nie krytykować.

Krytykować to możesz jedynie samego siebie (ale też bez przesady) bo znasz swoje błędy jak nikt inny. Innych nie krytykuj, bo nie znasz całej ich historii ani nie wiesz, dlaczego są, jacy są.

Oczywiście mowa o niezdrowej krytyce, naśmiewaniu się i szydzeniu. Jeśli chcesz kogoś skrytykować konstruktywnie, tak, by pomóc tej osobie coś zrozumieć dla jej dobra- chwała Ci za to. Pamiętaj jednak, że większość osób jest raczej mało odporna na krytykę, nawet zasłużoną i szczerą, więc jeśli chcesz komuś udowodnić, że w czymś się myli lub robi coś źle, sam upewnij się, że wiesz w tym temacie na tyle dużo, by mu doradzać.

8. Uparty jak osioł

Wyobraź sobie, że jesteś prostym chłopem żyjącym w XIX wieku. Kolega Twojej mamy nagle zostaje lekarzem i wszyscy mu zazdroszczą sukcesu. Też chciałbyś mieć tak szanowany społecznie zawód, żeby zarabiać grube siano... ekhem, żeby pomagać ludziom. Postanawiasz, że Twoje chłopskie pochodzenie Cię nie skreśla.

Zaczynasz studiować starożytne chińskie księgi i dowiadujesz się, że wiele chorób leczy się roślinami. Próbujesz więc tej metody, dajesz ludziom różne rośliny w dużych ilościach i patrzysz, co się stanie. Ot, takie mało precyzyjne eksperymenty.

- Czesiu się zrobił pomarańczowy, jak kazałem mu codziennie jeść po pięć marchewek przez miesiąc. Odnotowano.

- Jacuś uważa, że objawy jego dny moczanowej się zmniejszyły odkąd codziennie je wiśnie i przestał pić piwsko. No nieźle

- Maciek zjadł takie dziwne grzybki co rosły mi na polu i jakiś taki zadowolony z życia chodzi. Dziwne.

- Przemek uważa, że ma dokładnie 70% mniej objawów lękowych, bo od 14 dni codziennie je kakao. Fajnie.

- Kubuś jadł rabarbar i szczaw w heroicznych ilościach przez rok i dostał niewydolności nerek. Ups.

- Patryk codziennie polewa każdą potrawę oliwą z oliwek i czuje się jak młody Bóg. A to heca.

- Józio spożywa samą cebulę od tygodnia i niemiłosiernie śmierdzi. Kto by się spodziewał? Ale chyba szybciej przeziębienie wyleczył, to ciekawe...

Mówią, że "Kiedyś to kurła było, a tera to nie ma"... no, nie do końca

Kiedyś nie było takiego stanu wiedzy jak dziś. To oczywiste. Każdy to wie, każdy to docenia, bła bła bła... czekajcie! Ilu z was serio docenia stan wiedzy, jaki na dzień dzisiejszy posiadamy? Nawet nie macie pojęcia, jak uprzywilejowani jesteśmy, że posiadamy Google! Dziękujcie za to Bogu, światu czy komukolwiek chcecie.

Aby zdobyć tę wiedzę, ludzie po prostu próbowali wielu rzeczy i sprawdzali, co działa, a co nie.

Bardzo Cię pewnie tym zdziwię, ale dziś nadal nie wiemy wszystkiego. I wciąż próbujemy tego, co działa, a co nie, a potem zapisujemy wnioski. Nie musimy robić tego osobiście, bo robią to za nas kochani naukowcy, którzy mogą sobie pozwolić na przeprowadzenie badań na grupie wielu osób, aby wyniki owych badań były bardziej miarodajne. To, że podasz marchewkę jednej osobie i poprawi się jej wzrok, nie znaczy, że marchewka tak faktycznie działa (nie działa, to mit). Aby to sprawdzić, podano marchewki tysiącu osób, albo i dziesiątkom tysięcy.

Ale mimo wszystko są nadal na tym świecie rzeczy, których nie sprawdzimy, ponieważ nasz obecny stan wiedzy nam na to nie pozwala. Nie wiemy przykładowo, jak powstaje depresja. Podejrzewamy, że jest efektem zbyt niskiego poziomu neuroprzekaźników, takich jak serotonina czy adrenalina, więc leczymy ją lekami, które poziom tych substancji zwiększają. Proste? Ale przyczyna nadal jest nieznana.

Coś powoduje, że w mózgu nie powstaje tyle serotoniny, ile powinno, albo że mimo jej obecności, receptory na nią nie reagują. Co to jest? Niektórzy spekulują, że stany zapalne. Inni, że insulinooporność. Znajdą się pewnie i tacy, którzy winią 5G albo opryski z nieba. Ale nie wiemy.

Ja, szczerze mówiąc, skłaniam się ku teorii o stanach zapalnych, bo przecież wiadomo, że upośledzają działanie praktycznie każdego narządu, więc czemu mózg miałby być wyjątkiem? Jeśli masz stany zapalne naczyń krwionośnych, cierpisz na ich zatkanie przez blaszkę miażdżycową, nadciśnienie, żylaki czy tętniaki, bo są stopniowo, acz konsekwentnie niszczone. Stan zapalny to reakcja organizmu na jakieś uszkodzenia, a skoro na co dzień pochłaniamy z powietrza czy żywności tony niewidocznych, szkodliwych substancji, dostają się one do krwi i nie są od razu usuwane, więc powodują mikrouszkodzenia, które organizm stara się naprawić, więc powstaje stan zapalny. Zupełnie tak, jak naprawa kolana, w które się uderzyłeś, sprawia, że chwilowo jest napuchnięte.

Ale wiecie, to tylko teoria i nadal jesteśmy w przypadku chorób psychicznych lekko mówiąc- częściowo bezbronni. Próbujemy różnych leków i część zadziała, a część nie. Jesteśmy jak dzieci we mgle.

W przypadku depresji o wiele lepiej jest więc zapobiegać, niż leczyć. Wiemy na przykład, że każda porcja owoców lub warzyw redukuje ryzyko depresji o 3%. Niby niewiele, ale ziarnko do ziarnka...

Po czasie te śmieszne 3% mogą być decydujące.

Wróćmy na chwilę do 19 wieku i do Twoich eksperymentów warzywnych.

Jedna osoba odnotowała, że odkąd stosuje przepisaną przez Ciebie dietę pełną przeciwzapalnych substancji, czuje się o niebo lepiej. Nie miała nigdy depresji, ale nie czuła się też w pełni sił. A teraz, po bombardowaniu organizmu warzywami, siły wróciły. Może nie jakoś nagle, bo po miesiącu, ale wiesz co? To działa!

Więc być może odkryłeś jakiś fajny sposób na lepsze zdrowie? Działa, działa! Ale...

Nie wiesz, co konkretnie i jak dokładnie. No ale pewien wniosek już można sformułować- zdrowsza, bogatsza w warzywa i owoce dieta sprzyja lepszemu samopoczuciu.

Dziś już wiemy, że owoce i warzywa zwiększają ilość BDNF-1 (neurotropowy czynnik pochodzenia mózgowego), czyli substancji, która buduje nowe połączenia między neuronami. Słowem- czyni mózg sprawniejszym.

No więc uznajesz swoją dietę warzywno-owocową za rewolucyjne odkrycie, ale nikomu o nim nie mówisz, żeby ktoś nie podwędził Ci patentu.

Dowiadujesz się pewnego dnia, że Twój znajomy przeprowadził pierwszą na świecie udaną operację mózgu. Coś tam pogrzebał, coś wyciął- zrosło się. Pacjent żyje. Jest git. Wszystko okej. Guz wycięty. Gratulujesz swojemu koledze.

Zastanawiasz się, czy nie dałoby się wyleczyć depresji podobną metodą. Może jakby tak wyciąć kawałek mózgu odpowiedzialny za smutek... hmmm...

Sugerujesz taki myk koledze pionierowi neurochirurgii, ale z oczywistych względów się nie zgadza.

-No weeeź!- prosisz

-Po pierwsze- zaczyna kolega- Twoja teoria, że w mózgu jest jakiś kawałek odpowiedzialny za smutek, jest szalona. Skąd to niby wziąłeś, gościu? Po drugie- grzebanie tak głęboko w mózgu musi być mega nieprzyjemne dla pacjenta. W sensie- coś mu popsuję i co będzie? Nie wiadomo, jak działa mózg, a Ty chcesz w nim grzebać... wiesz, gdzie se pogrzeb?

- Nie ja, tylko Ty! Znasz się na tym!

- Ja się znam?! Ja się, kurde, kompletnie nie znam! Wyciąłem guza, bo był widoczny i na wierzchu! Dało się go odróżnić od reszty mózgu! Zaryzykowałem i tak całą swoją karierę, ale okej- zostałem pionierem. Fajnie. No ale wchodzić głębiej w mózg? Szaleństwo!

- Oj tam od razu szaleństwo...

Opcja wejścia w mózg przy pomocy dłuta i młotka odpada, więc trzymasz się nadal tego, co masz- broni warzywnej. Podajesz pacjentom z depresją różne pokarmy i zauważasz u niektórych malutkie postępy, ale w cięższych przypadkach to nie działa. Z jednej strony czujesz się bezradny wobec ciężkiej depresji i wiesz, że miną lata, zanim ludzie odkryją na nią jeden, pewny, skuteczny lek.

Z drugiej- wiesz, że zdrowa dieta bardzo sprzyja wychodzeniu z łagodnych form depresji. A skoro ktoś wyjdzie z łagodnej, nie wpadnie już w ciężką. Dlatego właśnie depresja jest jak studnia. Ciężko się z niej wydostać, ale można do niej nie wpaść. I dlatego im wcześniej ktoś weźmie się za zdrową dietę, tym łatwiej potem ma w życiu. Tu już nie chodzi tylko o sprawność ciała i fizyczne zdrowie. Tu chodzi o to, że jedząc zdrowo, masz CHĘCI do życia i działania, bo nie wpadasz w stany depresyjne. A wiesz, od chęci wszystko się zaczyna.

No ale, jako człowiek bardzo uparty i coraz bardziej przekonany o tym, że odkryłeś coś niesamowitego, chcesz pójść krok dalej- ogłaszasz, że każdą chorobę da się wyleczyć warzywami! Na jakiej podstawie taki wniosek? A, po prostu. Tak sobie zgadujesz.

Wiemy, że to nieprawda.

Twoi pacjenci, na przykład z zapaleniem płuc, guzami mózgów, po amputacji kończyn, przechodzący zawał serca, cierpiący na cukrzycę, nie odnoszą żadnych korzyści z tego, że wpychasz im na siłę dziesięć cebul do jamy ustnej.

Jedzenie warzyw mogłoby potencjalnie zapobiec ich chorobom, tak jak ogólnie rzecz biorąc- zdrowszy styl życia- ale kiedy choroba jest już w zaawansowanej fazie, nawet dziesięć cebul nie pomoże.

Niestety, nie chcesz się przyznać do błędu. Ludzie mają Cię za szaleńca. Uparcie trzymasz się tezy, że warzywa wyleczą wszystko.

Broń boże nie twierdzę, że warzywa nie mogą być lekiem wspomagającym leczenie chorób, bo mogą. Ale same w sobie nie wyleczą Cię z zapalenia płuc, jeśli odmówisz brania antybiotyku, czy z nadciśnienia, gdy nagle odstawisz tabletki.

No więc, jako prosty człowiek, chcesz maksymalnie uprościć swój obraz rzeczywistości, więc przyjmujesz mylne założenie, że istnieje jeden lek na wszystko. Twoja pycha każe Ci wierzyć, że właśnie ów lek odkryłeś.

Pacjenci jednak coraz bardziej tracą do Ciebie zaufanie, bo krążą pogłoski, że jesteś szalony.

Kolega neurochirurg odnosi sukcesy, a Ty- porażki. Proponuje Ci zmianę swojego sposobu leczenia:

-Rozwijaj się! Nie obstawaj uparcie tylko przy swoich warzywach! Myśl otwarcie! Połącz medycynę konwencjonalną, z Twoją niekonwencjonalną metodą! Może założymy spółkę, gdzie ja będę leczył pacjentów chirurgicznie, a Ty będziesz dbał o ich szybsze zdrowienie, dając im dietę sprzyjającą odnowie ciała i szybszemu gojeniu się ran?

-Nie ma mowy! Idź precz, rzeźniku! Nie chcę mieć nic wspólnego z kimś, kto kroi ludzi!

-Co się z Tobą stało? Wpadłeś w obsesję...

Takim oto sposobem zmarnowałeś swój potencjał i stałeś się szaleńcem. Widząc tylko ten wycinek prawdy, który chcesz widzieć, ignorując wszelkie inne wycinki.

Nie chciałeś przyjąć zmian, bo tak dobrze było Ci z tym, co już odkryłeś i co znane.

Zauważ więc, że chociaż żul Janusz z poprzedniego rozdziału na początku wydawał się mieć niski potencjał i małe szanse na dobre życie, osiągnął je, bo nie bał się zmiany, a wręcz jej chciał i do niej dążył.

Ty, choć wydawało się, że masz wielki potencjał na bycie znanym odkrywcą i propagatorem zdrowego stylu odżywiania, zostajesz zapamiętany jako warzywny wariat, bo wpadłeś w skrajne myślenie, a potem nie chciałeś go zmienić.

W życiu nie jest tak, że każdy, kto urodził się geniuszem, rozwinie swój geniusz i potencjał.

Nie jest też tak, że każdy, kto urodził się biedny albo w chwili obecnej zmaga się z nałogiem, umrze jako smutny, bezradny człowiek. Każdy geniusz może zostać zniszczony przez wady własnej psychiki- upór, pychę, brak elastycznego myślenia, strach przed zmianą. I odwrotnie- każdy skrajny przypadek człowieka ciężko doświadczonego przez życie może wyjść ze złej sytuacji, gdy postanowi ćwiczyć samodyscyplinę, zwiększyć swoje ambicje, walczyć o coś więcej i nie bać się zmian.

Jaki z tego morał? Nie wierz w talent ani przeznaczenie. Wierz w to, że ciężką pracą i mądrością da się osiągnąć wiele, a głupota, arogancja czy lenistwo prowadzą na manowce.

9. Chęci

Siedzisz na kanapie, oglądasz serial. Nagle nachodzi Cię mała chęć- hmm, coś bym zjadł!

Podejmujesz pewien niewielki wysiłek, aby przemieścić się z kanapy do lodówki, ale okazało się, że w nocy splądrował ją głodny szop pracz, więc został tylko... seler naciowy. No niee! Daj spokój, kto je seler naciowy? Są oczywiście ludzie, którzy lubią go na tyle, by traktować go jako zdrową przekąskę (i nic mi do tego, pełen szacunek dla was), ale załóżmy, że Ty go nie lubisz, podobnie jak ja.

Stanęło na tym, że nic nie przekąsisz, bo nie chce Ci się na razie iść do sklepu. Twoja chęć siedzenia na kanapie okazała się silniejsza, niż chęć zjedzenia czegoś.

Ale, załóżmy, że zasnąłeś, ponieważ szop zostawił w wentylacji ogryzek jabłka i jakimś cudem powstała z niego tak duża ilość metanu, by Cię uśpić, ale nie zabić. Śpisz całe 3 dni. Przez zwykłe jabłko, co za pech! Szop pewnie zrobił to specjalnie, żeby buchnąć Ci portfel i auto.

Budzisz się tak głodny, że w tej chwili nawet seler wydaje się dobrą opcją. Pędzisz do lodówki, jesz osiem kawałków ja opętany, ale oszukałeś swój żołądek jedynie na jakiś czas, bo seler praktycznie nie ma kalorii. Wiesz, że musisz iść do sklepu. Pędzisz tam!

W tej chwili Twoja chęć jedzenia jest o wiele, wiele silniejsza, niż chęć siedzenia na kanapie. Na tyle silna, że przewyższyła nawet niechęć do selera, a nawet zmusiła Cię do ruszenia się poza teren własnego mieszkania, w świat pełen dziwnych ludzi, krętych ulic i szopów. Chęć, jak widzisz, jest tutaj czynnikiem decydującym. A raczej siła tej chęci, która w Tobie drzemie. Pewnie wiesz już, do czego dążę.

Biegniesz do sklepu, ale okazuje się, że jest zamknięty! Co za tragedia! Pani Krysia zachorowała i jedyny sklep w okolicy jest zamknięty. Momencik... ale nie ma żadnych krat! Hmm, może małe, hobbystyczne włamanko?

-Nie no, co Ty, oszalałeś?- karcisz sam siebie za niecne myśli- Nie masz przecież kominiarki... ekhem, znaczy, nie jesteś złodziejem! Ale jesteś głodny! Bardzo! Pani Krysia może wybaczy... nie, nie! Nie wolno! Jestem dobrym człowiekiem.

Gdybyś nie jadł dwa tygodnie i zagrażałoby to Twojemu życiu, nie miałbyś oporów przed wybiciem szyby cegłą i wzięciem tego, co da się zjeść, aby nie umrzeć z głodu. A tak przy okazji- jeśli kiedykolwiek będziesz w takiej sytuacji, nie jedz do pełna, bo możesz umrzeć. Serio, najedzenie się po długim okresie postu bywa śmiertelne, więc najpierw zaleca się musy warzywne i niskokaloryczne owoce, aby przyzwyczajać się znowu do cukru we krwi i swój żołądek do trawienia.

Nie jesteś desperatem, więc podejmujesz decyzję, która nie przyniesie żadnych negatywnych konsekwencji, tak jak włam. Decyzję o udaniu się do innego sklepu. Wracasz do domu po samochód (na szczęście szop pracz go nie ukradł), odpalasz... guzik! Szop pracz spuścił Ci benzynę. Nie pojedziesz. Tragedia, masakra, załamka. Po co szopowi benzyna?!

Wsiadasz na rower. Pędzisz! Spada Ci łańcuch! Zakładasz go szybciej, niż skarpetki.

Ależ to jest przygoda, ależ emocje! Zaczyna padać deszcz! Nie przejmiesz się, ignorujesz go, pędzisz po jedzenie. Twoja chęć jest większa, niż opór przed wejściem na rower z komunii, który leżał nieużywany dwadzieścia lat, a nawet niż dyskomfort spowodowany ulewą, czy ubrudzonymi od smaru (i rdzy) palcami po zakładaniu łańcucha.

Łapiesz gumę. Nie da się jechać! To są chyba jakieś żarty. Świat ewidentnie nie jest Ci dzisiaj na rękę, akurat teraz!

Biegniesz. Chęć jest tak duża, że pokonała nawet opór przed bieganiem, czy zmęczenie trzydniowym postem. W chwilach wycieńczenia, kiedy pojawia się nadzieja na ratunek, nawet rozbitek na bezludnej wyspie, który nie jadł przez dwa tygodnie i nie pił dwa dni, jest w stanie wykrzesać z siebie ogromną moc, bo organizm chce przeżyć, więc produkuje ogromne ilości adrenaliny, która podnosi ciśnienie, spalanie tłuszczu, cukrów i białek, a także przepływ krwi do mózgu, rąk i nóg. Dlatego niektórzy ludzie są w stanie tyle wytrwać. Nadzieja na ratunek jest kluczowa.

Ciekawe badanie, niestety na biednych szczurach, przeprowadzili naukowcy (amerykańscy, rzecz jasna), chcący ukazać siłę drzemiącą w nadziei. Kiedy wrzucili szczury do wody bez możliwości wydostania się, szczury padały ze zmęczenia po kilku godzinach, a więc tonęły. Kiedy jednak w momencie skrajnego wyczerpania naukowiec wyciągał je z wody, dał im odpocząć, a potem wkładał je tam z powrotem, szczury pływały ponad dobę.

Nawet tak prosta istota jak szczur może mieć nadzieję, lub jej nie mieć. Wcześniej szczury nie widziały sensu w dalszej walce, skoro i tak nie ma gdzie uciec, więc tonęły. Potem gdy okazało się, że jednak jakiś ratunek może nadejść, bo ktoś je wyłowi, były stanie męczyć się kilkukrotnie dłużej. Wszystko przez nadzieję. Nie masz jej- toniesz.

Wracając do Twojego epickiego biegu po żywność- Podeszwy Ci się odkleiły! W normalnych warunkach pewnie byś przeklinał, usiadł na krawężniku, narzekał i jeszcze raz przeklinał swój los. Odkąd jednak szop spuścił Ci paliwo z auta, nic nie jest normalne. Podeszwy brak, zostały gołe pięty, bo i skarpet nie miałeś pierwszej świeżości. To nic, biegniesz boso. Twoim celem jest sklep Pani Grażynki, oddalony o 3 kilometry. Nagle...

Wywróciłeś się. Rozdarłeś spodnie. Pękły Ci slipki. Biegniesz z gołym tyłkiem. Wychodzi atrakcyjna osoba, która od dawna Ci się podoba i zaczyna nagrywać to na tiktoka. No nie, teraz to już jesteś desperatem! Teraz to już jest przegięcie. Zaciskasz zęby. Biegniesz, a Twoje nozdrza rozszerzają się i zwężają jak u głodnego krokodyla, nie jak u osoby, której właśnie pękły slipki. Ktoś inny by się poddał. Inny Ty- też byś się poddał. Ale głodny nie jesteś sobą :)

Biegniesz tak szybko, że sam się dziwisz, jakim cudem nie dostałeś jeszcze zawału. Wymijasz seniora na skuterze, który jedzie 40 na godzinę. Pobiłeś rekord świata. Może mógłbyś zapytać go, czy Cię podrzuci, ale kto o zdrowych zmysłach weźmie człowieka z gołym tyłkiem na skuter?

Docierasz do sklepu, a łzy szczęścia napływają Ci do oczu. Ciągniesz za klamkę. Zamknięte. Zerkasz na kalendarz w telefonie- niedziela. NIE HAN DLO WA.

Teraz jesteś już tak zirytowany, że zamawiasz Usaina Bolta, czy innego Grubera. Dociera po dwóch godzinach, narzeka na Twoje rozdarte pantalones, ale już musi Cię wziąć, trudno. Wiezie Cię do sklepu z płazem. Kurs kosztuje 150 PLN. To istne zdzierstwo, więc nigdy byś się na to nie zdecydował, ale nie miałeś wyjścia. Desperacja, mówi Ci to coś? To może być Twoja najlepsza przyjaciółka. Albo najgorszy wróg. Zależy, co zdecydujesz się pod jej wpływem zrobić. Złamiesz prawo i poszukasz drogi na skróty, czy raczej zmobilizujesz się do niepojętego dla innych wysiłku, mimo pękających gaci, deszczu i szopa sabotażysty? To Twoja decyzja.

Chcesz zapłacić kierowcy, ale okazuje się, że szop zabrał Ci kartę bankową i gotówkę. Desperat w akcji- myślisz sobie, po czym, nie ze względu na skłonności przestępcze, a przez brak innego wyjścia, uciekasz tak szybko, jak to możliwe, zostawiając swój numer telefonu, rzecz jasna, z zamiarem zapłacenia kierowcy, gdy już dorwiesz szopa i zabierzesz mu kartę. Kierowca, nie do końca zadowolony z tego wyjścia, goni Cię, ale robisz dziesięć okrążeń wokół sklepu, więc w końcu odpuszcza. Pełen podziwu, zdyszany, łapiąc się za serce, mówi do Ciebie:

-Skąd ty masz tyle siły, człowieku? Jadłeś smażone ziemniaki na śniadanie, czy jak?

- Przeciwnie, kolego. Nie jadłem nic a nic od 3 dni!

- Psychol!- podsumowuje kierowca. - Masochista! Zwyrol!

Wchodzisz do sklepu. Nagle odpala Ci się tryb rzezimieszka bandyty i kradniesz rogalika, zagadując w tym czasie panią za ladą. Prosisz ją o jakieś wymyślone papierosy, a gdy ona sprawdza, czy takie mają, jumasz jeszcze 5 innych produktów spożywczych i uciekasz.

Desperacja! W sądzie tłumaczysz się, że to była tylko desperacja, a sędzia, gdy tylko się o tym dowiaduje, puka młotkiem w to śmieszne drewienko i mówi: Aha, dobra, nie wiedziałem! Uniewinniony!

Oczywiście żartuję, nie można używać desperacji jako wymówki i wytłumaczenia do popełniania przestępstw, ani krzywdzenia innych, a mój powyższy przykład i cała ta historia były mocno przerysowane, czego pewnie większość z was się domyśliła z powodu szopa, który spuszcza benzynę z auta. Drodzy czytelnicy, nie pytajcie, skąd taka wizja w mej głowie. I nie pijcie trzech kaw pod rząd, nie polecam.

Meritum mojej historii, jak może już się domyślacie, jest takie:
Gdy chęć jest tak silna, że nie da się jej już zignorować, nie ma przeszkód, których byś nie pokonał.

Ludzie myślą, że nie mamy zupełnie wpływu na swoje chęci, ale to nieprawda. Prosty przykład: Idziesz ulicą i widzisz, że ktoś je ogromnego, ociekającego lukrem pączka, a przecież lubisz pączki. Widząc go, także chcesz zjeść pączka. Oczywiście masz, oprócz chęci, samokontrolę, której możesz teraz użyć, ale na razie skupmy się na samej chęci. Chęć pojawia się, gdy przypominasz sobie o czymś, co ją powoduje. Przypominaj sobie o istnieniu pączków często, chodząc dziesięć razy dziennie do najlepszej piekarni w mieście, a raczej nikłe będą Twe szanse na wymarzoną, szczupłą sylwetkę. Na pewno nie tak wysokie jak u kogoś, kto unika tej piekarni (i innych pokus).

Wracasz do domu i przeglądasz social media. Wyskakują Ci reklamy spotowych samochodów. Jakiś człowiek sukcesu jeździ Bugatti i ma uśmiech od ucha do ucha. Przez moment masz chęć, by być bogatym. Myślisz sobie, jak fajnie by było mieć Citroena c4, albo chociaż takie Bugatti... ten bogacz przypomniał Ci o tym, że są na świecie fajne samochody, fajne doświadczenia i fajne możliwości. Chcesz ich zaznać.

Jak widzisz, jednym ze sposobów wpływania na swoje chęci jest to, co widzimy, kim się otaczamy, co mają inni ludzie, których obserwujemy i możemy im danej rzeczy zdrowo lub niezdrowo zazdrościć. Kiedy otaczasz się ludźmi, którzy piją sobie piwko na ławce w upalny dzień, możesz też poczuć chęć, by wypić sobie chłodne piwko.

Niezależnie od tego, czy jesteś przeciwnikiem, czy zwolennikiem picia w biały dzień lub picia codziennie, sama, pierwotna chęć, pochodząca wprost z gadziego mózgu, może się pojawić, ponieważ mózg lubi piwko. Inna sprawa, że piwko nie lubi mózgu i go powolutku zabija. Piwko uspokaja, piwko wprowadza w dobry nastrój, ach piwko! Daj mi piwko- tak mówi mózg.

Ale piwko niszczy też Twoje receptory uspokajające, więc potem, bez piwka, czujesz się niespokojny. Tak działa kac, tak działa delirium, tak działa nałóg. Miej to na uwadze i może jednak nie słuchaj tego, co podpowiadają Ci Twoje chęci zawsze i wszędzie. O ile to chęci na coś, co Cię niszczy, a nie rozwija. Jeśli masz chęć zjeść coś zdrowego, śmiało.

Chęć może być silniejsza lub słabsza zależnie od Twoich przekonań. Jeśli picie kojarzy Ci się z niskim statusem społecznym, bezrobociem, byciem nieproduktywnym obywatelem i społecznie wyśmiewanym, zatraconym we własnym świecie człowiekiem- raczej ta niezdrowa chęć szybko zostanie stłumiona i zgaduję, że nie sięgniesz po piwko.

Jeśli, z drugiej strony, bardziej niż produktywność, cenisz sobie zabawę, a jedyne dążenie w Twoim życiu to chwila przyjemności, piwko skojarzy Ci się z czymś dobrym, a chęć będzie narastać. Jeśli dodatkowo nie wiesz, jak bardzo szkodliwe jest codzienne picie, nie masz świadomości wad piwka, a jedynie zalet, niestety, chęć będzie zawsze się pojawiać przy bodźcu, który ją prowokuje, a więc będzie Cię do alkoholu ciągnąć. I rzecz jasna wypicie jednego czy dwóch piw, raz na jakiś czas, jest normalne i nie chcę nikogo tu oceniać, bo sam czasem lubię piwko. Jednak, jak we wszystkim, umiar jest wskazany, kluczowy i decydujący. Umiar może dosłownie przesądzić, czy będziesz wrakiem człowieka, czy człowiekiem szczęśliwym i osiągającym sukcesy.

Pomińmy na razie nałogi. Opowiem teraz o swojej chęci, która kiedyś miała decydujące znaczenie dla mojego życia: Chęć bycia lepszym. Przez większość podstawówki byłem lekko otyły, ekhem, znaczy, solidnie upasiony, ale nie widziałem w tym problemu, a zatem w mojej głowie nigdy nie pojawiła się nigdy chęć, by w końcu coś ze sobą zrobić. Ignorowałem wady bycia pulchnym chłopczykiem, a na dodatek każdy mówił mi, że jakoś tam, kiedyś tam, automatycznie z tego wyrosnę. Ignorowałem zatem samą potrzebę działania, czekając na cud. Gdy ów cud nie nadszedł, w szóstej klasie, dysząc jak lokomotywa po wejściu na pięciostopniowe schody i czując, jak telepie mi się jakaś dziwna galareta na brzuchu, stwierdziłem, że chyba coś jest nie tak.

I co? Czy od tej pory zacząłem ćwiczyć jak opętany? Ależ skąd!

Myśli są łatwe do zignorowania, więc je ignorowałem. Ludzie mają szereg mechanizmów obronnych w psychice, a jednym z nich jest wyparcie. Działa to mniej więcej tak:
-Jesteś grubaskiem, Damian. Zrób coś z tym!

-LA LA LA LA! Nic nie słyszałem. Zamknij się, Damian.

Ale są rzeczy, których nie da się ignorować. Jak pewna pamiętna lekcja wuefu. Pan Andrzej (niech mu będzie za to chwała na wieki), nakazał nam wszystkim zrobić po ileś tam pompek. Wiedział on chyba, że ja tego nie potrafię, a dzień wcześniej przyłapał mnie na naśmiewaniu się z koleżanki, z której wszyscy się wtedy śmiali, bo miała dziwne okulary (ja miałem jeszcze gorsze, swoją drogą).

Dostałem ochrzan stulecia, a pan od wuefu, który wcześniej w miarę mnie lubił, gawędził i żartował ze mną, dowiedziawszy się, jaką wstrętną jestem kreaturą, mścił się od tej pory za każdy przejaw mojego cwaniactwa i dręczenia słabszych, dając mi bezcenne lekcje pokory, uświadamiając, że sam nie jestem idealny. Robił to, każąc mi ćwiczyć. Jak on mógł?

Bolało mnie, że przez taką głupotę zepsułem sobie z nim relację, bo był jednym z najfajniejszych nauczycieli, a więc powoli do mojego pustego łba docierało, że nie jestem taki idealny, a dręczenie innych i naśmiewanie się z nich to coś cholernie złego. Wszystko, co złego potem mnie w życiu spotkało, było pewnie moją karmą za to, jak traktowałem innych w okresie dzieciństwa. Byłem nieświadomy i byłem tylko dzieckiem, ale to nie zwalnia z odpowiedzialności, tak samo jak na przykład nieświadomość tego, że szkodzisz swojemu dziecku, dając mu do jedzenia syf zamiast zdrowych rzeczy, nie zwalnia z odpowiedzialności za jego zdrowie i prawidłowy rozwój. Dlatego prawie zawsze, prawie we wszystkim- lepiej mieć świadomość, niż nie mieć. A książki to skondensowana świadomość. Nie ma za co.

A zatem, na owej pamiętnej lekcji, próbując zrobić pompkę, padłem na zimną podłogę i plasknięcie mojego okrytego izolacją termiczną brzucha o tę podłogę było słuchać chyba kilometr dalej.

Śmiech całej klasy też. I pamiętam go do tej pory. Budzę się w nocy zlany potem, a potem szukam tłuszczu na brzuchu, by upewnić się, że to nie dzieje się naprawdę.

Ale tak już poważniej- piszę o tym po to, aby na prostym przykładzie ukazać, jak jedno przykre doświadczenie może obudzić w Tobie potężną chęć do działania. Miało to miejsce tuż przed wakacjami, a w wakacje schudłem dokładnie osiem kilogramów, czyli na tamte czasy ponad 10% masy własnej, chociaż nie miałem zielonego pojęcia o odchudzaniu. Dosłownie nic nie wiedziałem, większość rzeczy robiłem niepoprawnie. Ale i tak, samą siłą moich chęci, dokonałem tego. Jeśli brakuje Ci dyscypliny, motywacji, możliwości, pieniędzy, czasu, energii- czasem na samej chęci zajedziesz o wiele dalej. Oczywiście nie zawsze, a dużo bardziej opłaca się mieć wszystkiego po trochu, niż polegać na samych chęciach, ale na tym przykładzie grubego dziecka, pokazuję, że czasem to chęć jest decydująca.

Po prostu jadłem mniej i bardzo, bardzo dużo ćwiczyłem. Worek treningowy, bieganie, spacery, pompki, brzuszki... cokolwiek. Nawet machanie kijem i udawanie, że walczę z kimś przez godzinę. Noszenie kamieni z miejsca na miejsca. Wiele tego było.

Przy okazji odkryłem nieświadomie dobry sposób podnoszenia swojej motywacji. Na kartce rozpisałem sobie następne dwa tygodnie i przy każdym dniu 10 różnych ćwiczeń do zrobienia, a przy każdym ćwiczeniu kwadracik. Każdego dnia musiałem wybrać i zrobić przynajmniej pięć z nich. Było to genialne posunięcie, ponieważ, jak dowiedziałem się wiele lat później, zaznaczanie kwadracików dla mózgu jest jak nagroda. Tak samo jak wbicie nowego poziomu w grze. Chodzi o to, że dostajesz fizyczne potwierdzenie Twojego postępu albo jego braku. Widzisz pełne kwadraciki? Rośnie Twoja wiara w siebie. Tyle dni już dałeś radę, więc dasz radę znowu i znowu i znowu. Widzisz puste? Czas coś zrobić!

To DO SKO NA ŁY sposób, aby zacząć robić cokolwiek nowego w swoim życiu i wprowadzić jakąkolwiek zmianę na lepsze, więc polecam.

Wracając do chęci- generalnie to masz tylko dwie opcje do wyboru, gdy spotykają Cię negatywne doświadczenia. Albo wyciągniesz z nich coś dobrego, albo coś złego.

Wydaje mi się, że wiele razy obrażano mnie i mój brzusio w podstawówce, bo dzieci są okrutne. Szybko wypierałem to ze świadomości, ale stłumione i ignorowane emocje wstydu, poniżenia i niezadowolenia gdzieś się cały czas we mnie kłębiły i buzowały. Pamiętam, że byłem strasznym płaczkiem w dzieciństwie, okropnym. Te całe negatywne emocje, których nie miałem jak wyrazić, wyrzucić ani przemienić w motywację, niszczyły mnie. Wiele razy się na kolegów obrażałem, nie umiałem przegrywać, byłem samolubny, wredny, głupi. Byłem uosobieniem wszystkiego, co najgorsze, ale byłem tylko dzieckiem, więc chociaż częściowo usprawiedliwiam to brakiem świadomości. Sama świadomość nie musiała sprawić, że stanę się lepszy, gdy dorosnę, ale używanie jej i chęć bycia lepszym, idące w parze, sprawiły, że się zmieniłem. I to o 180 stopni. A może nawet o 360? Pozdrawiam kumatych.

Niech Ci się nie wydaje, że ludzie się nie zmieniają. Nawet dziecko to potrafi. A wewnętrznie każdy jest jak dziecko, bo tak jak one- mamy różne braki w świadomości. Gdy spotyka nas coś złego, możemy reagować złością na zło, bo to najprostsze. Ja tak robiłem. Gdy się ze mnie śmiali, gdy ponosiłem porażki, gdy patrzyłem w lustro z niesmakiem, gdy wstydziłem się rozmawiać z dziewczynami, a kolegom szło to dużo lepiej- byłem cholernie zły na siebie, cholernie smutny.

Te wszystkie negatywne doświadczenia i emocje prowadziły do wielu kolejnych, negatywnych zdarzeń oraz uczuć. Negatywność to pułapka, dopóki nie przerwiesz tego chorego łańcucha i się z niej nie wydostaniesz. Ale wielu ludzi wpada w taką pułapkę, cykl negatywności, błędne koło. Wpadamy w nią nieświadomie, a świadomość bycia w niej to dobry początek, aby się uwolnić.

Jednym z moich ulubionych powiedzeń jest cytat papieża „Zło dobrem zwyciężaj". Bo idealnie oddaje to, co się dzieje wewnątrz ludzkiej psychiki. Nie musisz reagować złem na zło, agresją na agresję, smutkiem na krytykę, wstydem na porażkę- i tak dalej.

Wstyd zmień na motywację, porażki na lekcje, śmiech i obelgi na kopa na rozpęd. Ja tak właśnie zrobiłem. Nie wiem czemu, nie wiem jak, ale skoro głupi, tłusty dzieciak mógł- każdy może. Od tamtej pory, zawsze, gdy tylko uświadomię sobie, że wpadam w negatywne emocje, staram się je opanować i myślę, co tu można z tego ulepić korzystnego.

Oczywiście nie zawsze się da, bo w silnym gniewie nie myślimy o niczym innym, jak o gniewie, a w silnym strachu nie myślimy o niczym, tylko o strachu. Ale emocje o umiarkowanym natężeniu, te, które jako tako kontrolujemy, można starać się wykorzystać na swoją korzyść, a nie na krzywdę. Więcej o tym opowiem w kolejnych rozdziałach.

10. Otumanienie

Jeśli miałbym wskazać, jaka jest największa wada większości ludzi, a także największy problem dzisiejszego świata- wskazałbym na otępienie. Otumanienie.

Nie mówię, że ludzie są w większości głupi, chociaż może są? Kto wie?

Są jednak na pewno zalewani tak wielką dawką różnych informacji, że już sami nie wiedzą, w co mają wierzyć. W co więc chcą wierzyć? W to, co wygodne. Przez napływ dużej ilości informacji stajemy się nie tylko potencjalnie mądrzejsi, ale też potencjalnie zarozumiali, bo wierzymy, że wiemy już wszystko, albo że wiemy lepiej niż inni, a tymczasem każdy z nas wierzy w różne oblicza fałszu, tylko po to, by mieć wygodne dla siebie poglądy. Nie zastanawiamy się, jakie dowody mamy na potwierdzenie tezy, którą ktoś nam przedstawia w internecie, a po prostu w nią wierzymy, jeśli wydaje się z nami rezonować.

Więc jeśli weźmiemy dwóch dietetyków i jeden powie:
- Aby być zdrowym, jedz dużo warzyw i owoców!

A drugi: -Eee, guzik prawda! Jedz to, co lubisz, czyli smalec i boczek!

Jak myślisz- komu uwierzy większość ludzi? Temu, który mówi to, co oni chcą usłyszeć.

Na szczęście jest garstka ludzi, którzy myślą krytycznie i potrafią sami wygiągać logiczne wnioski, a nie ufają pierwszej, instynktownej myśli. Są też ludzie, którzy krzewią logiczne i krytyczne myślenie.

No ale są też ludzie, którzy zarabiają na braku logicznego myślenia. Ludzie, którzy sprzedadzą Ci specjalną witaminę C za 100 PLN i wmówią, że uleczy raka. Ludzie, którzy mają czelność mówić, że jakiś suplement spali za Ciebie 10 kg tłuszczu w miesiąc, bez diety.

Niby wiem, że skoro już czytasz tak ważną książkę, raczej nie jesteś głupi. Ale uwaga, to pułapka. Każdy jest głupi w jakiś sposób. Czy ja, czy Ty, czy oni, czy wy. Każdy wpada w jakieś pułapki myślenia, bo jesteśmy stępiani przez innych ludzi, którzy chcą coś na nas zyskać- i na naszej wierze w coś. Możesz przykładowo wmówić ludziom, że folia chroni przed 5G, a zaczną kręcić sobie czapeczki z tej folii, a Ty, jako jej sprzedawca, zbijesz zysk. Ale stępienie ma też o wiele więcej form, czsto niewidocznych. Stępiają nas na przykład gry, które dają Ci fałszywe poczucie osiągania czegoś, abyś już nie musiał osiągać w realnym życiu. Chcą też, byś kuypywał ich produkty, bo przecież inni gracze w tej grze wyglądają fajniej, więc Ty też musisz wyglądać fajniej!

Stępia nas TikTok, jak wspomniałem kilka rozdziałów wcześniej, bo pozwala faszerować się dopaminą bez wysiłku i wierzyć, że to normalne, że nagroda przychodzi bez pracy.

Stępiają ludzie, którzy kreują się na znawców od związków i dają Ci jakieś rady z dupy, tak jakbyś sam nie mógł dedukować, co jest dobre dla Twojego związku, a co nie.

Stępia nas wzajemna nienawiść, pycha, arogancja, brak otwartości na nowe sposoby myślenia. Stępia nas to wszystko, o czym pisałem wcześniej.

Szczególnie stępia nas brak wiary w siebie, brak marzeń, brak chęci lepszego życia i brak aspiracji na nie. Bo przecież, skoro masz takie, a nie inne życie, to znaczy, że takie i tylko takie Ci się należy, racja? Nie! Zawsze może Ci się należeć więcej.

Proszę Cię, czytelniku, nie pozwól sobie na bycie stępionym i wiarę w to, że NIE DA SIĘ, żyć lepiej. Zawsze się da. Zawsze można więcej, lepiej, mocniej, bardziej. Jeśli nie jesteś mistrzem świata w bieganiu i nie masz rekordu świata, jest prawie pewne, że możesz biegać szybciej i dłużej, ponieważ Twoje ciało ma potencjał, by się rozwinąć. Jeśli nie zarabiasz miliona rocznie, na pewno istnieją sposoby, by tyle zarabiać, ale jeszcze o nich nie wiesz. Jeśli nie masz szczęśliwego związku, nie znaczy to, że nigdy nie będziesz go mieć, bo jesteś bez wartości. Znaczy to, że musisz po prostu jakoś swoją wartość rozwijać albo pokazać, a wtedy odpowiednia osoba będzie mieć szansę, by Cię poznać.

W jakiejkolwiek dziedzinie, w jakikolwiek sposób- zawsze można coś poprawić i mieć po prostu weselsze, łatwiejsze życie. Czemu nie? Jak dają, to bierz. Jak nie dają, sam sobie wypracuj w jakiś etyczny i korzystny dla wszystkich sposób. I siema. Ot cała filozofia dobrego życia.

Nie myśl sobie, że jeśli nie pijesz piwa, jesteś wolny od wad wszelakich. Każdy je ma- ot taka ludzka cecha. Jedni dają im nad sobą kontrolę i popadają w nałogi, inni- kontrolują je i mają dobre życia.

Pytanie tylko- po której staniesz stronie?
Stronie ofiar życia, czy stronie ludzi kumatych?

Ludzie chcą kontrolować życie- mieć dobre, unikać złego. Mieć dobrą pracę, uciec ze złej. Żyć w zdrowiu, uciec od chorób. Dążyć do bogactwa, wyjść z biedy.

Zastanów się. Przystopuj z tym czytaniem na chwilę. Zadaj sobie pytanie i zajebiście mocno się zastanów:

JAK, cholera jasna, można kontrolować życie, gdy nie kontrolujemy nawet samych siebie?

I tu właśnie wchodzę ja, cały na biało, no i moja skromna, acz dająca do myślenia książka- ja jestem zwolennikiem kontrolowania siebie, a zatem i życia. Nie za bardzo lubię, gdy inni mnie kontrolują, albo gdy jestem zdany na pastwę czynników losowych, których ni chu-chu nie mogę kontrolować. Co więc robię? Nie oddaję nikomu i niczemu kontroli nad tym, co sam mogę kontrolować. Nie chcę jej oddać, bo to debilizm i frajerstwo. Frajerstwem jest oddać coś tak cennego jak własne życie w kontrolę i posiadanie innych. Więc, na litość wszystkich bóstw tego świata, rozwijaj się na tyle, by mieć coraz większą kontrolę nad samym sobą. Im więcej wiesz, im bardziej świadomie obserwujesz życie i własną psychikę, tym lepiej to wszystko ogarniasz. Z drugiej strony- ludzie głupi nie kontrolują prawie niczego, bo nie wiedzą, że mogą. Więc nie bądź głupcem. I tyle. Ta książka zwraca uwagę na różne aspekty, w jakich ludzie nie kontrolują siebie. Na przykład ktoś nie kontroluje swoich marzeń i je olewa. Inny kontroluje i je spełnia. Ktoś nie kontroluje agresji i wpada w kłopoty, a potem zyskuje nad nią kontrolę i zostaje mistrzem.

Luźno zgaduję, że 90% ludzi zgodzi się ze mną, że bardzo ważne jest w życiu to, żeby mieć nad nim kontrolę. Bo wiesz, życie to gruba rzecz. Jak je stracisz to trochę słabo, co? A jak nie stracisz go dosłownie (umierając), tylko tracąc dzień po dniu i rok po roku na jakieś głupoty? To też słabo, co?

Więc zgaduję, że chcesz mieć kontrolę, żeby go nie tracić, skoro jest cenne niczym borówka amerykańska.

Ale też tak luźno zgaduję, że 90% ludzi tej kontroli wcale a wcale nie ma. Jesteśmy tak inteligentnym i samoświadomym gatunkiem, że aż śmiemy twierdzić, że stworzonym na obraz Boga i zupełnie innym od zwierząt, a tymczasem większość ludzi żyje właśnie trochę jak zwierzęta- opierając życie na najprostszych potrzebach- sen, jedzenie, seks, bezpieczeństwo i dominacja. Egzystują, nie myśląc o niczym bardziej ambitnym. Brawo, ludzie. Naprawdę, zajebiści jesteśmy.

I nie piszę tego, by Cię jakoś zdołować. Jeśli ktoś już teraz jest zdołowany i smutny, niezadowolony z życia, może oczywiście wkurzyć się na moje słowa, bo wolałby, bym kłamał, że faktycznie, ludzie są cudowni i wspaniali i nic więcej nie musimy robić. Ale takie słodkie kłamstwa niewiele Ci pomogą. Gorzka prawda- owszem. A prawda jest taka- rodzimy się jako zera i jeśli nic z tym nie zrobimy, umrzemy jako zera. Broń boże nie namawiam tutaj do chorego pościgu za hajsem czy sukcesem dla samego wybicia sobie ego, a wręcz przeciwnie- namawiam do altruizmu i czynienia dobra po to, by faktycznie coś znaczyć dla świata.

Jesteśmy zerami i dopiero za życia budujemy swoją wartość dla innych. Jeśli budujesz domy, wychowujesz mądre i pracowite dzieci, wpłacasz darowizny na schroniska czy chorych ludzi, czy nawet hodujesz pszenicę, którą ktoś potem je- dajesz wartość. Masz wartość.

Ale nie masz jej tak sobie, z niczego. Wartość wynika z tego, co dajesz innym. Im więcej dajesz, tym więcej jej masz i tym więcej do Ciebie wraca. |

NIE MOŻNA spoczywać na laurach i pozbawiać się ambicji.

Ta gorzka prawda ma Ci dać kopa w dupsko. Ma Cię zmotywować. Pijany Ronaldo nie przyjdzie do Ciebie i nie da Ci motywacji do lepszego życia. Sam jakoś musisz wyłuskać motywację, skądś ją czerpać. Bo bez niej... nigdy nie będziesz nikim znaczącym. A bez tego to trochę tak, jakby życie nie miało sensu, czyż nie?

Oczywiście nie każdy będzie budował rakiety zdolne do lotu w kosmos, ani nie każdy zostanie gwiazdą Realu Madryt, ale wiecie, o co biega. Każdy powinien wykonać jakąś misję. Dla jednych to wychowanie piekielnie mądrych dzieci, dla innych zasadzenie tysiąca drzew, a dla jeszcze innych- zbudowanie stu domów. Pamiętaj, że cokolwiek to jest, nikt za Ciebie tego nie wykona. I tylko Ty masz wpływ na to, jak dobry czy dobra jesteś w tym, co robisz, a na ile olewasz sprawę.

Pławimy się w przekonaniu o własnej zajebistości i wyjątkowości, ale w sumie- czy kiedykolwiek zrobiłeś coś naprawdę wyjątkowego czy zajebistego? Coś, co wpłynęło pozytywnie na innych, coś, o czym inni nie zapomną za 10 lat?

Są ludzie stworzeni do rzeczy zajebistych- jak Musk czy Ronaldo- no ale to nie jest tak, że Ronaldo wyskoczył z brzucha matki od razu z piłką przy nodze i ze zdolnością do strzelania goli z wolnych. Musk też nie urodził się z książkami w dłoni, a musiał je przeczytać.

Sęk w tym, że jest pewnie masa, calutka rzesza ludzi, którzy też mogliby robić rzeczy zajebiste, ale im się nie chce. To tak, jakby Ronaldo, zamiast gry w piłkę, poszedł sobie pograć na konsoli, a Musk, zamiast czytania książek o fizyce i kosmosie, zaczął chlać z kolegami co weekend w klubie i skupił całą swoją uwagę na podrywaniu dziewczyn.

Może zabrzmi to kontrowersyjnie, ale uważam, że każdy chociaż trochę marnuje życie. Ja nie jestem wyjątkiem. Sęk w tym, żeby znaleźć rzecz, która jest dla Ciebie tak ważna, że poświęcisz jej calutkie życie, wiesz, że nigdy nie przestaniesz jej robić i wiesz, że umiesz ją robić. Wtedy skupiasz na niej uwagę, ignorujesz wszystko inne i odkrywasz, czy masz potencjał na bycie kimś wybitnym. Nie stanie się to od razu. Ale po latach- kto wie? Nie spróbujesz, to się nie dowiesz. Proste.

Ta książka, niestety, nie jest dla frajerów, przegrywów i słabeuszy, którzy słysząc o czymś ambitnym myślą sobie- eee, to nie dla mnie. Ta książka jest dla ludzi z wizją, którzy czytając o innych ludziach z wizją myślą- też tak chcę! Może nawet też tak mogę! Albo przynajmniej się czegoś od nich nauczę!

11. Wsparcie

Jest rok 1974. Masz 26 lat i pracujesz jako nauczyciel angielskiego w USA. Twoja żona musi wspierać Cię finansowo, bo Twoja pensja jest bardzo marna. Masz jednak mały talencik do pisania. Może nawet więcej, niż mały, bo pierwsze opowiadania zacząłeś pisać w wieku siedmiu lat. Potem skrupulatnie pisałeś do szuflady, szkolnej gazetki, a w końcu- do magazynu dla Panów.

Piszesz głównie thrillery i horrory, ale są to krótkie opowiadania, nic bardziej ambitnego.

Napisałeś 3 strony swojej nowej historii, ale stwierdzasz, że jest do niczego i wyrzucasz ją do kosza. Twoja żona znajduje ją w koszu, wyciąga, czyta... i stwierdza, że to jest świetne! Niemal błaga Cię, byś to kontynuował, ale nie masz jakoś weny. Powoli, mozolnie, piszesz strona po stronie, bo żona prosi. Wyszła z tego spora książka, nie tylko opowiadanie. Wysyłasz ją do wydawnictwa i zapominasz o tym.

-Aaa, pewnie i tak nikt tego chłamu nie wyda! - myślisz.

Kilka miesięcy później dostajesz kontrakt na wydanie tego chłamu za równowartość kilku miesięcznych pensji nauczyciela. Jesteś wniebowzięty.

Od tej pory piszesz jak maszyna, dzień za dniem, godzina za godziną, powieść za powieścią. Po latach jesteś jednym z najbardziej rozpoznawalnych i najbogatszych pisarzy na świecie. Nazywasz się Stephen King.

Kto cokolwiek tworzy, niezależnie od tego, czy jest to pisanie, czy jakaś inna forma przekazu, wie, jak ciężko jest autorowi ocenić obiektywnie jego własne dzieło. Często mamy wrażenie, że to, co tworzymy, nie nadaje się do niczego, więc tak jak u Kinga, diamenty mogą lądować w koszu.

Wyobraźmy sobie sytuację, w której żona sławnego pisarza była zupełnie inna, niż w rzeczywistości- zamiast być wyrozumiałą, cierpliwą i wspierającą kobietą, była złośliwa i nie wierzyła w talent swojego męża.

W takim wypadku, przede wszystkim bardzo mocno naciskałaby, aby wziął się za „normalną pracę" i zwiększył ilość godzin na etacie, zamiast ciągle „bawić się" w to swoje głupie pisanie.

-Stephen! Umyłeś naczynia?!

-Niee, kochanie! Napisałem dziesięć stron powieści!

- Nie obchodzi mnie Twoja powieść! Myślisz, że ktoś Ci ją kiedykolwiek wyda? Puknij się w czambo!

- Ale kochanie! Ja chcę rozwijać talent!

- Rozwijać to możesz paragon za ostatnie zakupy. No, zobacz, ile wydałam! Ze swoich pieniędzy, bo Twoich nie widać! Nierobie Ty jeden!

- Ale skarbie! Ja wierzę, że...

-W świętego mikołaja też wierzysz?!

Na szczęście dla nas wszystkich, żona Kinga wydaje się naprawdę wspaniałą kobietą o dobrym sercu i wielkich pokładach wiary w swojego męża, dzięki czemu umożliwiła mu rozwijanie talentu, choć nie mieli łatwej sytuacji.

Wyobraź sobie, że była wspierająca i dobra, ale jednak nie miała odwagi czy siły przekonywania, aby "popchnąć" męża w stronę kontynuacji pierwszej powieści. W tym wypadku świat również nie dowiedziałby się o Kingu. Możliwe, że autor po jakimś czasie pisania mało popularnych tekstów zwątpiłby w swój talent i całkowicie zrezygnował z pisania, rozczarowany swoim brakiem sukcesów i efektów ciężkiej, pisarskiej pracy.

Zobacz, jak ogromne znaczenie ma to, jakimi osobami się otaczamy i szczególnie- z jaką osobą wchodzimy w związek. Osoba taka powinna sprawiać, że jakoś się rozwijasz. Wspierać Twoje pasje, o ile oczywiście są one zdrowe, korzystne i nikogo nie krzywdzą. Jeśli Twoją pasją jest przypalanie mrówek lupą, to goń się.

W głowie każdego pisarza, na 100% chociaż raz pojawia się pytanie-czy to, co piszę, jest dobre? Ja mam je cały czas, ponieważ mój styl jest dość specyficzny. Dla jednych pewnie będzie motywujący, da im do myślenia. Innych może urazić czy wzbudzić w nich jakąś niechęć. Liczę się z tym. Można nie lubić tego, co piszę, ponieważ staram się przedstawiać prawdę nawet w nieco brutalny sposób. Obnażam ludzkie słabości, ale nie po to, by komuś było przykro, a by ludzie mieli świaodmość, że cały czas mogą nad czymś pracować i że jak najbardziej warto to robić. Skoro większość ludzi nad sobą nie pracuje i nie rozwija się mentalnie, Ty, robiąc to, prześcigniesz ich bardzo łatwo.

Uważam więc, że to, o czym piszę, jest piekielnie ważne. Ale czy ogólna koncepcja, forma i treść, są dobre? Na to pytanie nie mogę sam odpowiedzieć. Gdy pojawiają się wątpliwości, muszę mocno się zastanowić nad tym, co chcę napisać i dlaczego.

Również w życiu takie pytania mogą nam towarzyszyć. Nawet powinny!
- Czy to, co robię, jest dobre? Czy służy mi i innym?
- Czy robię to, co lubię? Czy to, co lubię, służy mi?

-Czy nie można robić czegoś innego, lepszego?

Rozwijamy się tylko wtedy, kiedy zadajemy sobie ważne pytania i szukamy na nie odpowiedzi. Gdy ich unikamy i je ignorujemy, po prostu zamiatamy swoje problemy pod dywan.

Pracowałem kiedyś w miejscu, którego szczerze i serdecznie nienawidziłem, a każdy dzień tam przypominał mi wchodzenie coraz głębiej w jakąś dziwną otchłań bezdennej, depresyjnej pustki i rozczarowania życiem. Na szczęście w porę zadałem sobie ważne pytania:

-Co ja tu robię?

-Dlaczego nadal tu pracuję?

-Dlaczego nie szukam lepszej pracy?

-Dlaczego godzę się na tak ogromny stres i presję?

-Dlaczego marnuję swoje życie?

Niby proste, niby oczywiste i niby zwykłe pytania, ale wiesz, jak jest-kiedy jakaś jedna rzecz je nam przysłania, wolimy ich sobie nie zadawać. U mnie tą rzeczą były pieniądze, ponieważ mimo swoich wad, była to praca dobrze płatna.

Wolałem więc ignorować wszystkie głosy świata, które mówiły mi: rzuć to w cholerę i miej godność, człowieku!

Mimo iż nie boję się zbytnio zmian, a wręcz je lubię i mnie napędzają, bałem się zmiany pracy, ponieważ zawsze taka zmiana wiąże się z nowymi wyzwaniami i pewną dozą niewiadomego.

Zastanów się więc, czy nie masz podobnej sytuacji. Czy ze strachu przed nowym, nieznanym, tkwisz w czymś, co absolutnie Ci nie odpowiada? Czy nie jesteś niewolnikiem swojego własnego strachu? Zupełnie jak człowiek, który nigdy nie poleci helikopterem, bo wmówił sobie, że to bardzo niebezpieczne.

Oprócz strachu i wątpliwości często przeszkodą w życiu, w pracy, albo w pisaniu książki może być po prostu brak weny/pomysłów. Nie masz pomysłu na to, co by tu z sobą zrobić? Nie wiesz, jakie masz pasje? Nie wiesz, co jest w życiu najważniejsze i w którą stronę podążać na ścieżce kariery czy nauki?

Nie wiem, jak inspiruje się King i skąd czerpie pomysły, ale ja mam kilka technik. Przede wszystkim lubię oglądać filmy lub czytać książki. Czasem, gdy pada jakieś ważne pytanie, wyobrażam sobie, co ja sam mógłbym na nie odpowiedzieć.

Zastanów się tylko- ile ciekawych odpowiedzi można znaleźć, jeśli też będziesz tak robił? Polecam. Dowiesz się w ten sposób nowych rzeczy o samym sobie, a nawet jeśli nie- po prostu przygotujesz sobie grunt pod odpowiadanie na podobne pytania w przyszłości, gdy ktoś Ci je zada, a więc będziesz postrzegany jako człowiek elokwentny i bystry, który wszystko ma przemyślane i poukładane, a także wie, czego chce i czym się w życiu kieruje.

Gdy to wiesz- nie jesteś niewolnikiem czynników zewnętrznych. MASZ KONTROLĘ.

Jestem w trakcie oglądania serialu "Dexter", który bardzo lubię ze względu na niecodzienne poruszenie kwestii etyki i walki z własną psychiką. Często słychać wewnętrzny dialog głównego bohatera, jakby był narratorem. Wiemy więc, nad czym się zastanawia, jakie ma wątpliwości, pytania. Co go nurtuje. I w ten sposób mamy też podpowiedź, co powinno nurtować i nas.

Wiem, że wielu ludzi tak nie myśli, bo oglądają coś, by się odmóżdżyć, a nie domóżdżyć, ale ja często lubię się domóżdżać i jeśli są jakieś pytania skłaniające do refleksji- skłaniam się ku niej. Rzecz jasna nikt nie pyta mnie o zdanie, bo pytanie może być skierowane do bohatera filmu czy serialu, ale ja lubię tak sobie zdrowo pokminić i myślę, co ja bym mógł na nie odpowiedzieć, gdyby mi je zadano.

Czasem, co więcej, myślę, co odpowiedziałbym na takie pytanie koledze, co narzeczonej, co potencjalnemu szefowi, a co Elonowi Muskowi. To pomaga ćwiczyć rozumienie tematu z różnych perspektyw, bo przecież Elon Musk, listonosz, szef czy Twoja stara mogą mieć zupełnie różne perspektywy i każdej z tych osób musisz odpowiadać inaczej w oparciu o jej oczekiwania i stan wiedzy o świecie, by jak najlepiej Cię zrozumiała.

Tytułowy Dexter jest seryjnym mordercą, ale o dziwo zabija tylko innych seryjnych morderców, więc teoretycznie wyświadcza światu przysługę i chroni innych ludzi przed złem. Mimo tego cały czas ma wahania moralne. Pyta siebie:

- Czy jestem dobrym człowiekiem?

Więc ja też pytam. Jeśli tak- dlaczego? Co ostatnio dobrego zrobiłem? Co straciłby świat, gdyby mnie nie było? Co moja obecność daje innym?

Gdy już odpowiem sobie na jakieś pytanie, zastanawiam się, czy mógłbym w ogóle zdefiniować, co oznacza bycie dobrym człowiekiem. Czy byłbym w stanie napisać esej, albo doradzić komuś, jak być dobrym człowiekiem?

O wiele łatwiej doradza się innym, niż samemu sobie, ponieważ wtedy możesz puścić wodze fantazji. Jeśli doradzasz sobie, bierzesz pod uwagę różne swoje ograniczenia i w pewien sposób się hamujesz. Nie doradzisz sobie, żeby medytować, bo na przykład wiesz, że Ci się nie chce. Ale komuś innemu możesz to doradzić, bo nie wiesz, czy mu się chce. Może akurat tak? Może on z tej rady skorzysta?

Gdy w serialu następuje jakaś riposta, staram się myśleć, co ja bym na nią odpowiedział. Gdy jest jakiś problem, myślę, jak ja bym go rozwiązał. I tak dalej. To pobudza kreatywność.

Gdy widzę, że bohater filmu lub książki ma jakiś ciekawy zawód, zastanawiam się, czy mógłbym tak pracować. Ile by mnie to kosztowało? Jakie wady i zalety ma taka praca?

Dzięki temu coraz lepiej wiem, co chcę robić w życiu, a czego bym nie chciał i do czego się nie nadaję.

Gdy widzę, że bohater popełnia jakiś błąd albo się myli, myślę, co bym mu powiedział, aby zrozumiał, że źle robi, ale też nie obraził się na mnie za to?

Dzięki temu ćwiczę empatię i zrozumienie, ale też uczę się wyłapywać błędy myślenia- swoje i innych- i logicznie z nimi rozprawiać.

Finalnie, często z takiego zastanawiania się tworzę sobie jakąś historię. Jeśli Dexter jest analitykiem krwi w labolatorium policyjnym, wyobrażam sobie, jak ja sam analizuję ślady krwi i co mógłbym w tej pracy schrzanić. Może na przykład dźgnąłbym się igłą i zmieszał krew seryjnego zabójcy z własną, a potem ja byłbym podejrzany o to zabójstwo? Da się z tego zrobić książkę albo historię?

Jeśli się da- rozwijam taki pomysł, albo przerabiam. Zapisuję na kiedyś. Mam w telefonie już z 250 notatek z różnymi pomysłami i czasem je czytam.

I tak sobie myślę i tworzę. Przerabiam i ubarwiam. Historia z drugiego rozdziału (o walkach w budyniu) wyszła z tego, że chciałem użyć kontrprzykładu do profesjonalisty, Mike'a Tysona, a takim przykładem mogą być federacje freak fightów. Jednak nie chciałem o nich pisać, bo uważam to za dość patologiczne przedsięwzięcie, więc pomyślałem o czymś jeszcze śmieszniejszym- walkach w kisielu. Aby dodatkowo to ubarwić, użyłem budyniu. Dodałem też młotki, bo widziałem kiedyś walki na kładce na takie długie rurki z pianki. I wyszło.

Śmieszne i grotsekowe historie są przez mózg lepiej zapamiętywane, więc o wiele lepiej jest tworzyć kontr-historię do oryginalnej historii, bo możesz ją ubarwiać do woli. Jeśli więc chcesz się czymś zainspirować, twórz coś nowego, śmieszniejszego, w oparciu o coś zwykłego.

Wszystko może Cię zainspirować. Jeśli w filmie "Lucy" bohaterka była pod wpływem narkotyku, który stopniowo zwiększa zdolności ludzkiego mózgu, wyobraź sobie, co by było, gdyby ludzie notorycznie spożywali narkotyk, który ich ogłupia. W sumie niektórzy tak robią z alkoholem ☐ No więc co by było, gdyby alkohol ogłupiał w zastraszającym tempie?

Jeśli w "Marsjaninie" bohater opuszcza czerwoną planetę w rozwalonej rakiecie przykrytej plandeką, pomyśl, czy dałoby się polecieć w kosmos w okręconym folią koszu na śmieci? Albo po co w ogóle wylatywać w kosmos? Może dałoby się z kosza albo plandeki stworzyć jakiś pojazd naziemny?

Nie ważne, czy się serio da, czy nie. Ważne, że jest to jakiś pomysł- tak głupi i niedorzeczny, że jeśli serio ktoś kiedyś zrobi pojazd z kosza na śmieci, uwierz mi, że będziesz o tym wiedział, bo ten ktoś na moment stanie się popularny na mediach społecznościowych.

W każdym razie- kreatywność, wena, pomysły i nowe perspektywy nie biorą się znikąd. One powstają, gdy analizujesz coś, co widzisz lub słyszysz. Mózg nie tworzy czegoś z niczego. Mózg jest jak ręce malarza, ale aby coś namalował, musisz mu dać farbę. I nakłaniać do tego swojego malarza, zadając mu zagadki, pytania i ćwiczenia myślowe. Używając wyobraźni dzień za dniem,

12. Proste czy trudne?

Życie jest szybkie, intensywne i przepełnione różnego rodzaju wyzwaniami, a my, ludzie, bardzo przyzwyczailiśmy się już do faktu, że na wszystko jest jakiś szybki sposób. Przynajmniej tak byśmy chcieli. I oczekujemy, oszukując siebie samych, że dostaniemy to, czego chcemy NA JUŻ. NA TERAZ. Mało kto ma tyle siły woli, by chodzić na siłownię, jeśli przez dwa miesiące nie widzi żadnego efektu. Mało kto inwestuje pieniądze długoterminowo. Mało kto uczy się czegoś, co da mu lepszy zawód za pięć czy dziesięć lat. Najczęściej żyjemy jedynie dniem dzisiejszym, więc właśnie w tym dniu chcemy mieć swoje nagrody.

Jeśli jesteś alpinistą, w jeden dzień to możesz się najwyżej wspiąć na pagórek. Na Mount Everest nie wejdziesz w pięć minut. Tak samo marzeń i celów, które są wielkie, nie spełnisz w pięć minut.

Ale zastanów się- gdybyś miał na wielką górę dwie drogi- jedną super stromą, a drugą super łagodną, którą być wybrał? Super stroma droga na Everest zajmuje 2 dni, załóżmy, bo absolutnie się nie znam na wspinaczce, a super łagodna- 10 dni.

Ooo, wybrałeś super stromą? Ale z Ciebie odważny człowieczek. I co, udało się? No nie. Spadłeś, bo nie jesteś zaawansowanym wspinaczem. Ja wybrałem łatwą drogę, więc żyję. Może trochę dłużej to zajęło, ale przynajmniej się udało.

No więc jaka z tego nauka? Nie wybieraj tego, co szybkie i bardzo ryzykowne, a wręcz niemożliwe. Wybieraj to, co powolne, ale pewne.

Lenistwo mamy dosłownie wpisane w geny, bo ciało zawsze i wszędzie woli oszczędzać energię, niż ją wydawać. Taki mechanizm obronny, w razie gdyby nastały trudne czasy i chude lata. Ale nie nastają, więc spokojnie- nie musisz gromadzić tłuszczu na zapas.

No więc czemu ludzie porywają się na zbyt trudne i strome drogi do celu, zamiast szukać łatwiejszych, ale nieco dłuższych? Nie lubimy trudnych rzeczy, nasz mózg dosłownie się buntuje, gdy chcemy mu narzucić zbyt duży rygor. Oczywiście można to przełamać, czasem nawet należy- ale nie każdy ma dość silnej woli. Większość jej nie ma, bo silna wola jest jak paliwo, a każdy z nas codziennie opróżnia swój bak, unikając tysiąca pokus, począwszy od zapachu pizzy, który kusi Cię w drodze do pracy, skończywszy na irytującym współpracowniku, co do którego musisz się powstrzymywać, żeby mu nie wygarnąć, jakim jest dzbanem.

Silna wola się zużywa, więc może na początek, jeśli nie masz jej dużo, nie szukaj stromych dróg na szczyt, a łatwych. Twój mózg zdąży polubić nowy nawyk, kiedy nie będzie się kojarzył z torturami. Ludzie, którzy rzucają palenie z dnia na dzień muszą mieć albo jaja ze stali, albo ogromny zapas silnej woli. Tak czy siak, jeśli oni wybrali stromą drogę na szczyt i im się udało, nie znaczy, że każdemu się uda. My, słabi z natury ludzie, dużo lepiej czujemy się, idąc łatwymi i przyjemnymi drogami. Dlatego właśnie, na przykład gdy chcesz się lepiej odżywiać, nie narzucaj sobie tortur zamiast diety, a postaraj się jeść to, co lubisz, ale w zdrowszych wersjach.

Ludzka natura niestety jest bardzo leniwa i bardzo ciężko to oszukać- chcemy szybkich i efektownych rozwiązań, bo naoglądaliśmy się filmów, w których ktoś robi coś bardzo trudnego i na końcu jest doniosłe zwycięstwo. A w życiu nie zawsze to tak działa. Często działa na odwrót. Jest doniosła klapa! Porywanie się z motyką na słońce w nadziei, że jakoś dasz radę, niezbyt często skutkuje triumfem na miarę greckich bogów. Najczęściej skutkuje rozczarowaniem i poddaniem się. Więc co masz robić? Narzucać sobie trudne drogi na szczyt? Nie. Może polub te łatwe, ale dłuższe.

W sensie- rób sobie co chcesz, mi to wisi. Ale zapewne, tak jak 90% ludzi, zawsze i wszędzie chciałeś szybkich efektów i spektakularnych przemian, więc wybierałeś drogi trudne. No i klapa. Kolejna. Kolejna. I następna. Więc skoro te drogi nie działają, zmień swój sposób działania. Człowieku, po prostu miej anielską cierpliwość. Idź sobie powolutku, łatwą drogą, a zajdziesz dalej.

Gdy na przykład postanawiamy zmienić swoje ciało i chcemy zrobić to bardzo szybko, wydaje nam się, że najlepiej wdrożyć jakieś trudne rozwiązanie. Przykładowo- dieta 1000 kcal, godzina biegania dziennie i godzina siłowni. No daj spokój, kto wytrzyma w takim reżimie, jeśli wcześniej ani trochę nie uprawiał sportu i jadł 3000 kcal dziennie?

Zazwyczaj, chcąc osiągać cel SZYBKO i JUŻ, szybko się również wypalamy, albo uświadamiamy sobie, że to o wiele trudniejsze, niż się wydawało, więc odpuszczamy. Z kolei łatwe rozwiązania działają właśnie dlatego, że są łatwe. Skoro łatwo je wykonać, większość osób je wykona.

Udowodnię Ci to na przykładzie: Masz przebiec 10 kilometrów. Możesz to zrobić na dwa sposoby: Albo 10 na raz, albo po 1 kilometrze dziennie. Którą opcję wybierasz i która wydaje się bardziej możliwa dla przeciętnego człowieka? Oczywiście wolniejsza, bo mało kto ma tak dobrą formę, by przebiec 10 kilometrów na raz. Aby zrobić to pomimo całkowitego braku formy, musiałbyś nazywać się David Goggins, a nie każdy nazywa się David Goggins i ma takie jaja ze stali.

Historia Gogginsa w skrócie- kompletnie nieprzygotowany, nielubiący biegania gość, w celu zbierania pieniędzy na cel charytatywny, dla rodzin żołnierzy, którzy zginęli na służbie, wziął udział w biegu na... 160 kilometrów. San Diego One Day, bo tak nazywa się ten nieludzki bieg, to niemały wyczyn nawet dla profesjonalnych biegaczy. A Goggins chodził wtedy na siłownię, ale ważył... 120 kilogramów, bo bardziej wolał ciężary, niż cardio. To wydaje się wręcz niemożliwe, ale dokonał tego. Na 30 mil przed końcem był już w takim stanie, że medycy nalegali, by skończył. Skończył, ale na mecie. Należy nadmienić, że w stanie skrajnego wycieńczenia mięśnie rozpadają się tak szybko, że ich większe kawałki, przelatując przez nerki, niszczą je, a mocz, ze względu właśnie na zawartość mięśni, robi się czerwony jak krew. Podejrzewam, że właśnie dlatego odradzano mu dalszy bieg, bo to zagrożenie dla życia. Ale chyba Goggins ma nie tylko jaja, ale i nerki ze stali. A wolę walki na pewno. Nie polecam mimo wszystko naśladowania go, jeśli też masz mało wspólnego z bieganiem, bo to duże ryzyko. Ale historia i dokonanie- jedne z najbardziej motywujących na świecie.

Od tamtej pory David jest prawdziwą ikoną pancernego hartu ducha i zawziętości. Zakwalifikował się wtedy na Ironman World Championship, czyli najsłynniejszy triatlon, który ukończył w czasie 11 godzin i 24 minuty. Na pozycji... 940. Swoje drugie zawody na szczeblu światowym ukończył na miejscu setnym. A był to górski ultramaraton, który Goggins pokonał w czasie niecałych 31 godzin. Jezu Chryste, ja nawet sobie nie wyobrażam biegania w górach przez 31 godzin, to jakaś abstrakcja. Trzecie zawody, czyli Ultramaraton Badwater o długości 215 kilometrów David ukończył w niecałe 26 godzin i zajął 3. miejsce. Nieźle, co?

Ale czekaj, autorze, miało być o łatwych rozwiązaniach, a Ty mi tu piszesz o bieganiu przez ponad dobę? No tak, zapomniałem o strategii Gogginsa- chwali sobie metodę dzielenia dużego, nieosiągalnego celu na małe kawałeczki.

Goggins w cwany sposób się okłamywał. Więc w jego psychice pierwszy bieg wcale nie miał aż 160 kilometrów. To trochę przytłaczająco brzmi. Stwierdził, że skupi się na przebiegnięciu "kolejnych 400 metrów" za każdym razem. Gdy przebiegł- myślał sobie, że przebiegnie kolejne 400, nie więcej. Gdy je również pokonał- kolejne 400. 400 to mało! Dam radę- myślał. Żadne tam 160 km, co to to nie! Mam tylko 400 metrów do przebiegnięcia! A potem- reset.

400 metrów wydaje się jak najbardziej możliwe, więc myślał- dobra, jeszcze tylko 400 metrów, a potem zobaczymy. Potem myślał- dobra, jeszcze kolejne 400, a potem, jak nie dam rady, może skończę. Ale 400 już nie wydaje się tragiczne, przebiegnę jeszcze, potem jeszcze... I dobiegł, skurczybyk, do samiutkiego końca.

Więc, chociaż jego cel był kosmiczny i dla zwykłego zjadacza chleba (a Goggins też wtedy był zwykłym zjadaczem chleba, tylko że miał wolę walki jak cholera) niemożliwy, to jednak mu się udało, właśnie przez wykonywanie "małych" kroczków raz za razem.

Ludzie lubią łatwe rozwiązania i proste do osiągnięcia cele, a rzeczy odległe i wymagające czasu są dla nich trochę zbyt odległe, więc najczęściej się w ogóle nimi nie zajmują. Oto inny przykład: Masz dokładnie 365 dni na napisanie książki. Zaczniesz ją dziś pisać? Dobrze by było, ale większość ludzi pomyśli, że od jutra, bo mam jeszcze czas. A jutro- od jutra. I kiedy nadejdzie to cholerne, prawdziwe jutro, które sprawi, że w końcu zaczniesz? Pewnie nigdy.

Dlatego dużo lepiej podzielić sobie książkę na super małe kawałeczki i pisać 1 stronę dziennie przez ten rok, bo to osiągalne.

Przy okazji, ja ustaliłem sobie tempo 10 stron dziennie.

Duże i odważne cele i ambicje są ważne, ale o tym napiszę trochę później. Teraz skupię się na tym, że nawet bardzo duże cele można dzielić na mniejsze i sprawiać, że są osiągalne. Kolejny przykład, jaki chcę Ci podać, dotyczy odchudzania.

Zauważyłem bardzo częsty model działania powtarzający się u moich pacjentów: Cały rok jedzą „normalnie", nie za bardzo przejmując się tym, ile, jak, po co..., potem gdy nadchodzi jakieś wesele, lato, albo nowy rok, chcą się szybko wziąć za siebie i stosują radykalne diety. Niektórym się udaje i na radykalnej diecie chudną na przykład 5 kilo w dwa tygodnie lub 15 kilo w dwa miesiące. Są zadowoleni, ale po powrocie do normalnej diety waga znowu wraca, bo znowu jedzą, co i ile chcą. Potem przychodzą do mnie i pytają, co z nimi nie tak? A ja zazwyczaj pytam- a próbował Pan lub próbowała Pani nieco łatwiejszej diety, ale na dłuższy okres?

I odpowiedź to zazwyczaj- niee, to nie dla mnie. Niee, bo ja chcę szybko. Niee, bo nie mam takiej siły woli ani czasu...

Ale skoro ktoś miał silną wolę, by przez 14 dni jeść prawie samą kapustę lub pić soki warzywne, czemu zakłada, że braknie mu siły woli na dłuższą, ale za to łatwiejszą dietę? To fałszywe założenie, które zabija motywację i chęci pacjentów.

Podobnie może zabić Twoją motywację stwierdzenie, że musisz schudnąć 30 kilo, bo to za dużo. Albo 20 kilo w rok, bo to zbyt długi czas, a więc pewnie zaczniesz za pół roku i zorientujesz się, że już trochę za późno. Ustal więc, że schudniesz, załóżmy, 3 kilo w miesiąc. To bardzo rozsądne i możliwe, a krótki czas sprawi, że będziesz musiał się wziąć do roboty już teraz, a nie odkładać początek na nie wiadomo kiedy.

Warto też imać się jak najprostszych, podstawowych metod. Najprostsza metoda, jaką znam, to: JEŚĆ MNIEJ.

Dlatego, gdy przychodzą do mnie pacjenci i pytają: To jak mam w końcu schudnąć?

Odpowiadam: Jeść mniej. Dziękuję za wizytę, 200 złotych proszę.

Wtedy pacjenci zaczynają rozumieć, że mam rację i z sercem pełnym wdzięczności płacą mi za wskazanie im tej absolutnej oczywistości.

Ale oczywiście żartuję i praca dietetyka nie jest taka szybka i przyjemna. Pacjenci dobrze wiedzą, że trzeba jeść mniej, ale nie potrafią. Zazwyczaj podaję im zatem kilka sposobów na hamowanie głodu. Przykładowo:

1) Oliwa z oliwek. Dwie łyżki z rana, mimo iż same w sobie są kaloryczne, sprawiają, że później w ciągu dnia zjadasz około 250 kalorii mniej. Prawdopodobnie to zasługa cennych kwasów omega-9, które przyspieszają oksydację, albo może prościej mówiąc- zużycie- kwasów tłuszczowych, w tym własnych. Organizm może więc skorzystać ze

swojego zapasu, zamiast głupio namawiać Cię na jedzenie więcej i więcej.

2) Imbir- związki w nim zawarte imitują leptynę, czyli hormon sytości.

3) Światło słoneczne- aktywuje receptor sytości w mózgu. Pewnie dlatego latem jemy mniej, niż zimą. I nie jest to tylko kwestia temperatury, skoro większość z nas i tak spędza większość czasu w ciepłym pomieszczeniu.

4) Probiotyki – stosowanie ich, jak wykazuje wiele badań, pomaga w odchudzaniu, ponieważ przyspiesza przemianę materii i zwiększa produkcję serotoniny (hormonu szczęścia, który produkują nam właśnie probiotyki, czyli bakterie jelitowe).

I takich sposobów jest naprawdę dużo, a ja chciałbym przekazać pacjentowi je wszystkie, ponieważ im więcej różnych rodzajów broni posiadasz, tym więcej czułych punktów jesteś w stanie uderzyć, a ludzkie ciało to przecież system bardzo skomplikowanych, połączonych ze sobą systemów, które są zależne od niesamowicie dużej ilości czynników.

Problem w tym, że jeśli podam pacjentowi 20 różnych rzeczy do poprawy, najpewniej nie poprawi żadnej, bo będzie czuć przytłoczenie, albo spróbuje, ale ciężko mieć na głowie 20 nowych rzeczy, których wcześniej się nie kontrolowało, kiedy mamy jeszcze pracę, dzieci i tak dalej.

Polecam pacjentom wybrać więc na początek 3 najlepsze według nich porady i takie, które będą stosowali z przyjemnością. Wtedy szansa, że utrzymają te nawyki, jest naprawdę duża. I o to właśnie chodzi w szukaniu łatwych rozwiązań. Łatwa dieta to nie dieta polegająca na jedzeniu pączków i pizzy, a potem głodowaniu przez resztę dnia, a po dwóch miesiącach umieraniu na niedobór magnezu, żelaza, błonnika i wszystkiego, co tylko można mieć w niedoborze. Łatwa dieta to taka, którą miałeś dotychczas, ale z pewnymi małymi ulepszeniami, które wprowadzasz i jeśli utrzymasz je skutecznie przez dwa tygodnie, albo nawet trzy, możesz wprowadzić więcej zmian.

Bardzo lubię powiedzenie- nie od razu Rzym zbudowano. Doskonale ukazuje ono naturę rzeczywistości, wszystko dzieje się stopniowo i chyba nikt nie zgubił pięciu kilogramów tłuszczu w jeden dzień, zgadza się? Budowanie domu, albo Rzymu, to skomplikowany proces, który trwa miesiącami czy latami. Więc nie oczekuj, że budowanie sylwetki będzie trwało tydzień. Tym bardziej, że to, co wiesz o jedzeniu i to, co zamierzasz, to dopiero połowa sukcesu. Prawdziwym decydującym czynnikiem jest, zgadnij co? Twoja psychika. Albo Cię zawiedzie i odpuścisz, albo będzie Cię wspierać i dasz radę. To proste.

Ludzie z natury lubią oszczędzać energię na ewentualne gorsze czasy. Niestety, tak nas zaprogramowała natura, więc znowu- nie obwiniaj się za to, że raz czy drugi Ci nie wyszło. Co tam się z Tobą dzieje, skąd to zwątpienie? Musisz iść czy walczyć. Dosłownie, walczyć ze swoją własną psychiką, gdy mówi Ci brzydkie rzeczy, w stylu- uuu, nie dałeś rady. Uuu, jesteś do niczego!

Tak jak wspomniałem na początku- psychika czasem jest głupia i czasem mówi Ci takie brednie, demotywuje Cię, podcina skrzydła. W sensie- Ty sam sobie to robisz, bo wierzysz w te swoje automatyczne myśli. Takie myśli nie są świadome, tylko wypływają gdzieś z podświadomości. Nie kontrolujesz ich, ale możesz kontrolować to, czy w nie uwierzysz, czy nie.

Nie mówiłbyś raczej takich brzydkich rzeczy swojej żonie, swojemu przyjacielowi, swojemu dziecku, swoim rodzicom, czyż nie? Dlaczego więc mówisz je sobie?

Gdy usłyszysz ględzenie własnej psychiki w stylu: "Jesteś słaby! Nie dasz rady!" postaw takim bredniom opór! Nie, nie, nie. Nie jestem słaby, tylko skądś się wzięło w mojej psychice takie głupie, fałszywe przekonanie. Nie ważne skąd i nie ważne, od kogo. Ważne, że ja dzień za dniem mogę je wyrzucać z głowy i udowadniać, że jednak jestem silny.

Przy okazji- nie narzucaj sobie monstrualnie ciężkich do zrealizowania celów i gigantycznie wymagających postanowień, bo za każdym razem, kiedy nie dajesz rady, jeśli jesteś podatny na takie szkodliwe podszepty psychiki, podświadomość powie Ci: Nie dałeś rady! Jesteś słaby!

I jeszcze w to uwierzysz. Dlatego o wiele lepiej robić sobie malutkie, łatwiutkie cele, aby je za każdym razem osiągać i myśleć- tak, znowu się udało!

A dopiero kiedy faktycznie czujesz tę niezłomną siłę, ambicję i jaja ze stali- dawaj, rób większe założenia i zdobywaj coraz trudniejsze cele.

Gdy psychika podpowiada Ci coś szkodliwego, na przykład poddanie się i rezygnację z postanowienia, zastanów się, czy tylko masz chwilę słabości, czy faktycznie tego chcesz. Wystarczy, że przed każdą decyzją zatrzymasz się na 10 sekund i pomyślisz - czy to dobra decyzja? Załóżmy- czy ja chcę tego pączka, czy tylko moja gadzia psychika? Czy wolę 2 minuty przyjemności z jedzenia, czy całe życie przyjemności płynącej z posiadania atrakcyjnego ciała?

13. Przekonania

Twoje przekonania mają bardzo duży wpływ na to, czy Ci się chce, czy nie.

Uświadomił mi to głównie Dawid Piątkowski w swojej książce „Obsesja Doskonałości", za co mu dziękuję. Podał bardzo ciekawe przykłady na potwierdzenie tej tezy i pozwolę sobie zapożyczyć jeden z nich, a także zachęcić Cię do przeczytania jego książki, albo wysłuchania audiobooka, bo jest genialna w swoim przekazie i uświadamia pewnie dwa razy więcej, niż ta moja książka.

Piątkowski jest profesjonalnym trenerem światowej sławy zawodników i zna się na rzeczy. Wie, jak zmotywować i rozpalić w kimś ogień.

Kiedy przychodzi do niego zawodnik, Dawid pyta- po co tu jesteś? Zawodnik tłumaczy, że ma problemy z motywacją, stresem, pewnością siebie, albo jeszcze z czymś innym.

Wtedy Dawid pyta- ale po co chcesz to poprawić? Zawodnik odpowiada- żeby lepiej grać!

A Dawid drąży dalej- no ale po co chcesz lepiej grać? Nie przypadkiem, żeby spełnić marzenia i być najlepszym w tym, co robisz? Nie marzysz o byciu światową gwiazdą tego sportu?

Zawodnicy zazwyczaj wtedy robią ironiczny uśmiech albo parskają śmiechem: No tak, ale to przecież niemożliwe!

I w tym rzecz. Przemyśl to. Komu chce się dążyć do niemożliwości? Nikomu, bo jest niemożliwa i to byłoby głupie. Ale przecież ktoś, kiedyś, gdzieś, musi zostać najlepszy. Gdyby każdy miał mentalność niedowiarka, komu chciałoby się pracować ciężej nad swoim sukcesem i osiągać coraz więcej, aby przebić kolejnych konkurentów? Chyba nikomu. A gdyby każdy wierzył, że to właśnie on może być najlepszy, ile energii byłby gotów w to włożyć?

To właśnie przekonanie o niemożliwości czegoś sprawia, że nawet nie chce Ci się próbować. I z drugiej strony, przekonanie o tym, że coś leży w zasięgu Twoich możliwości, napędza Cię do działania. Są zawodnicy, którzy mierzą naprawdę wysoko, a ich ambicje są nieskrępowane.

Tacy zawodnicy to na przykład Cristiano Ronaldo. Czym różnią się od przeciętnych graczy? Przeciętny gracz ćwiczy 2 godziny dziennie, z czego piłkę przy nodze ma jakieś 10 minut, więc nie ma wielu okazji do szkolenia techniki, a ćwiczy głównie kondycję, lub stoi i czeka na podanie. Cristiano robi różne treningi, z kolegami z drużyny, ale i samodzielne, a czasu z piłką ma pewnie 10 razy więcej, niż amatorsko grający dzieciak.

Rzecz w tym, że każdy amatorsko grający dzieciak może w każdej chwili zdecydować, że chce trenować więcej. Oczywiście trening przez siedem godzin dziennie to mało sensowna opcja, gdy masz oprócz pasji szkołę lub pracę, ale skoro niektórzy ćwiczą 2 godziny, Tobie wystarczy tylko 3, aby być od nich o połowę lepszym po jakimś czasie. Może nawet mniej, bo robiąc samodzielne treningi, masz piłkę przy nodze cały czas.

I dlaczego niektórym się chce, a niektórym nie? Bo ci, którym się nie chce, uznali, że nie ma sensu się katować, bo i tak nie będą najlepsi. Nie ma więc pasji, nie ma motywacji, nie ma zapału. Nie ma sensu robić czegoś, co i tak nie da Ci za dużych korzyści, tak?

Problem (a dla niektórych- okazja) tkwi właśnie w fakcie, że 99% ludzi w siebie nie wierzy, a jeśli Ty uwierzysz i będziesz adekwatnie działać, masz naprawdę duży potencjał do rozwinięcia.

Są zawodnicy, którzy grają w czołowych polskich ligach, a mimo tego ćwiczą, jakby byli dziećmi, grającymi o pietruszkę na stadionie przy szkole. Są w czołówce Polski, a trenują po 3 godziny dziennie. Mają pewien talent, jasne. Ale gdyby go rozwijali mocniej, z wiarą, siedem godzin dziennie... gdzie by byli? Dużo dalej. Smutne, że oni tego „dalej" nawet nie są w stanie ogarnąć oczyma wyobraźni, bo nie mają wielkich marzeń, a więc nigdy nie wychodzą poza te małe. Bo im się nie chce. Coś lub ktoś zabiło w nich wiarę.

Najpewniej, niestety- rodzice. Później nauczyciele. Koledzy. Społeczeństwo.

To, kim jesteś, jest poniekąd sumą tego, jak oni wszyscy Cię ukształtowali. A że 99% ludzi nie osiąga w niczym wyników na skalę światową, to, co o tę granicę choćby zahacza, wydaje im się nierealne lub niemożliwe. Dlatego jeśli kiedykolwiek miałeś wielkie marzenia, ale opowiedziałeś o nim ojcu, dla którego szczyty ambicji już dawno zostały starte na proch i zrównane z ziemią, więc on sam nie ma wielkich marzeń, może Cię wyśmiał i powiedział: Dorośnij, zejdź na ziemię. To nie takie łatwe.

Taki przykry komentarz to ucięcie dziecku skrzydeł w dosłownie sekundę. Jeśli sam lub sama będziesz mieć kiedyś potomka, nigdy mu tego nie rób. Gdy mówi Ci o swoich marzeniach, powiedz, że podziwiasz je i pomożesz mu je osiągnąć. Dodaj, że każde spełnienie marzeń wymaga mądrej i specyficznej dla danego marzenia pracy, aby nie budować w dziecku naiwnego przekonania, że marzenia spełniają się same. Później oczywiście podkreśl, że wierzysz, że dziecko kiedyś je spełni, jeśli będzie nad tym pracować, a wtedy będziesz się cieszyć razem z nim. Wydaje mi się (a na wychowaniu dzieci znam się jak na historii, czyli wcale, jednak są to dość oczywiste wnioski), że umysł dziecka pochłania wszystko, co powie mu autorytet w postaci ojca lub matki jak gąbka, o ile tylko nie są to rzeczy, wobec których chce się buntować, ale te, w które chętnie uwierzy. Jeśli więc zaszczepisz w nim taką roślinkę motywacji już w młodym wieku, w dorosłym życiu może ona stać się potężnym drzewem, które da cudowne owoce, a Twoja pociecha będzie wierzyć w swoje możliwości, a zatem będzie się starać, a zatem ma dużo większe szanse na sukces, niż Ty sam. Tylko nie zazdrość swojemu dziecku tak wspaniałego, świadomego rodzica ;)

Szkodliwe przekonania są szczególnie niebezpieczne, kiedy uchodzą za normę w jakimś środowisku, a więc nie masz nawet okazji się nad nimi zastanowić, bo wszyscy je praktykują, a co za tym idzie- to wydaje się naturalne. A gdy już dojdziesz do wniosku, że coś jest szkodliwe i może zniszczyć Twoje życie i Ciebie, nieraz boisz się powiedzieć tego otwarcie, aby inni nie uznali, że się wywyższasz. Miałem kiedyś kolegę, o którym myślałem, że zostaniemy dobrymi przyjaciółmi. Początkowo wydawał się inteligentny. Później zorientowałem się, że nieco przesadza z alkoholem. Nie miał problemu z publicznym wypiciem dwóch siedmioprocentowych piw w parku w pięć minut w biały dzień. Wydawało mi się trochę nieeleganckie, ale raz się zgodziłem, co mi tam. Widziałem, jak ludzie na nas patrzą i od razu zrobiło mi się wstyd. Nie dlatego, że jakoś szczególnie przejmuję się opinią ludzi mi obcych, zwłaszcza że mieszkam w Szwecji, która jest dość tolerancyjnym krajem i każdy zwraca uwagę głównie na siebie. Raczej przez to, że zdałem sobie sprawę, jak wyglądamy. Jak dwaj żule, tylko młodzi i w miarę dobrze ubrani. Zdałem sobie sprawę, co reprezentujemy- nic dobrego.

Później pracowałem z nim i jego dwoma koleżkami o podobnych poglądach co do alkoholu. Jeden z nich był naprawdę inteligentnym facetem w wielu kwestiach i szczerze go polubiłem, a w niektórych sprawach był tak obeznany, że mi imponował. Jednak gdy namawiał mnie na piwko w parku albo za jakimiś garażami, szlag mnie trafiał. Nie przyjmował odmowy, ale odmawiałem. I zawsze pytał- ale dlaczego nie, co w tym złego?

Nie wiedziałem już, co mu na to odpowiadać, bo żaden argument nie trafiał. Przede wszystkim więc mówiłem, że nie chcę, bo nie lubię i tyle. A on na to- jak można piwka nie lubić?

W jego umyśle codzienne picie dwóch piw nie było niczym szkodliwym. W moim- owszem, bardzo. Wystarczy zdać sobie sprawę, że alkohol niszczy Twoje receptory GABA, czyli receptory reagujące na substancję o tej samej nazwie, powodujące uczucie uspokojenia i hamujące aktywność układu nerwowego. Gdy masz niedobór GABA albo poniszczone receptory, stajesz się bardziej nerwowy, gorzej się kontrolujesz, masz gorszy nastrój, większe skłonności do depresji. Czy jedna godzina lepszego samopoczucia dziennie, gdy się nachlasz, jest tego warta? Moim zdaniem lepiej dobrze czuć się 24 godziny, niż tę jedną godzinę. I oczywiście wypicie jednego piwa w weekend nie działa tak destrukcyjnie, więc z tym nie mam problemu. Gorzej, gdy robisz to codziennie, a alkohol staje się nałogiem.

Kolega, który zapoznał mnie z tym towarzystwem umiłowania alkoholu, sam nadużywał również zielonej, rozweselającej używki do palenia. Nie byłem jej przeciwnikiem i od czasu do czasu lubiłem z nim zapalić, ale gdy zobaczyłem, co się z nim dzieje, gdy pali codziennie, stałem się bardzo ostrożny wobec tej używki i zrozumiałem, że też może uzależniać. Kolega ów, delikatnie mówiąc, przestał dbać o higienę, w domu miał bałagan, jakiego większość z was nigdy pewnie w życiu nie widziała. Cały czas był zmęczony i nie zależało mu na niczym.

I znowu zaczęła się taka sama sytuacja, bo zaczął namawiać mnie na palenie tego codziennie, a mi to nie pasowało, bo nie lubię być niewolnikiem żadnej substancji. Zacząłem skracać z nim kontakt i możliwie najrzadziej się spotykać, ale utrudniał to fakt, że mieszkał bardzo blisko.

Każdy młody człowiek chce się bawić, wyszaleć, rozerwać. Fajnie, fajnie. Może wręcz masz przekonanie, że Ci się to należy? Gówno Ci się należy. Serio. Jesteśmy uprzywilejowani jak cholera, bo urodziliśmy się w najlepszych czasach, jakie istnieją, a więc powinniśmy z tego korzystać i jeśli chcemy mieć coś więcej z życia, powinniśmy robić więcej. Przyjemności daleko Cię nie zaprowadzą, co doskonale widać po moim koledze- ultra hedoniście. Jeśli ja jestem hedonistą z umiarem, powiedzmy, w 40%, on jest hedonistą w 99%. Sam kiedyś chwalił się, że nie ma celu i marzeń i mu z tym dobrze. Jak można tak żyć? Ja nie wiem, ja tak nie chcę.

Pewnego dnia pochwaliłem się, że prawdopodobnie dostanę pracę jako dietetyk, co było jednym z moich marzeń. Nie znając szwedzkiego w Szwecji raczej ciężko o stały napływ pacjentów, ale z angielskim się da. I jest oczywiście dużo Polaków, więc byłem dobrej myśli. On zaś z szyderczym uśmiechem powiedział mi:
-Sorry, ale naiwny jesteś. Nie da się tak po prostu wbić w ten zawód, jak nie masz znajomości, a tym bardziej bez szwedzkiego. Ja to bym się skupił raczej na rozwijaniu umiejętności budowlanych, bo kiepsko Ci idzie (pracowaliśmy jako monterzy wentylacji na większych obiektach).

Wtedy zrozumiałem, jak małym on jest człowiekiem i jak bardzo we mnie wierzy (wcale). Rozgniewało mnie to, więc odpowiedziałem:

-Spróbować nie zaszkodzi, bo może akurat nie będę musiał całe życie tyrać na budowie, co dla Ciebie jest chyba szczytem marzeń.

Nie zrozumcie mnie źle, nie ma nic złego w pracy na budowie i jeśli jesteście w tym dobrzy oraz to lubicie, super. Ja jednak nie nadawałem się do tego, mam dwie lewe ręce. Dietetykę zaś kocham. I gdy ktoś chciałby robić coś, co kocha, zamiast wykonywania zawodu, którego nienawidzi, moje przekonania kazałyby mi zmotywować tę osobę i życzyć jej jak najlepiej, bo wiem, jak taka osoba może się czuć, gdy marnuje swój potencjał w pracy, do której się nie nadaje. Mój były już kolega miał inne przekonania, jak widać, a kazały mu one być sceptycznym wobec moich planów i marzeń.

Wspomniałem, że jesteśmy poniekąd sumą osób, którymi się otaczamy? Zerwałem z nim kontakt, bo zrozumiałem, jak toksyczne ma przekonania i nawyki, a więc je na mnie przenosi.

Twoje przekonania mają duże znaczenie, ale przekonania Twoich znajomych też. Jeżeli Twoi znajomi Cię niszczą i podcinają Ci skrzydła, powiedz im delikatnie, żeby pocałowali się w łokieć i spadali. Jeśli Twoi znajomi budzą w Tobie chęć do rozwoju i motywują Cię oraz zasypują ciekawymi pomysłami-dbaj o tę relację i pielęgnuj ją niczym popękane stopy przed wizytą na plaży w Stegnie.

14. Paliwo

Nawet Bugatti nie pojedzie zbyt szybko, gdy zamiast benzyny, nalejesz mu do baku mieszankę oliwy z oliwek i szamponu dla psów. Jeśli zaś dasz mu do "picia" benzynę, ale z domieszką sporej ilości zanieczyszczeń, po jakimś czasie silnik padnie. Albo przynajmniej zacznie chorować i szwankować.

Tak samo jest z ludzkim mózgiem.

Wyobraź sobie, że Ty i Twój sąsiad startujecie w konkursie wiedzy o czworonogach. Stawka jest wysoka, bo gracie o tygodniowy zapas najtańszej karmy dla psa i bambosze z psimi uszami. Ale najważniejsza jest satysfakcja z pokonania sąsiada, czyż nie?

W ramach przygotowań dostajecie książkę z dokładnym opisem każdej rasy psa. I załóżmy, że każdy z was czyta po 30 stron tej książki dziennie.

Co zatem przesądzi o wygranej lub przegranej? Sprawność mózgu i jego pojemność. Tak samo jest w życiu. Niezależnie od tego, czy jesteś inwestorem giełdowym i musisz wybrać, czy zainwestować w firmę produkującą karmę dla psów, czy materiały budowlane, czy też pracownikiem jakiejś fabryki- szybko działający mózg zawsze się przyda. W przypadku inwestora złe kalkulacje i brak uważności to możliwość utopienia pewnej sumy pieniędzy w złych akcjach i utraty tego kapitału, a w przypadku pracownika fabryki, jest to na przykład możliwość wpadnięcia pod owijarkę do palet i bycia zafoliowanym z psią karmą na kilka miesięcy, jeśli nikt Cię nie znajdzie. Albo pomieszania karmy bez glutenu z tą z glutenem i ktoś potem pozwie Twoją firmę, a Ty narazisz zdrowie tysięcy psów.

Każdy może gdzieś popełnić błąd, a choć niektóre błędy kosztują mniej, niż inne, nikt nie chce powodować szkód w swojej firmie i musieć się tłumaczyć oraz ponosić przykrych konsekwencji. Tym bardziej nie chcemy szkód w życiu prywatnym.

Podejrzałeś przez okno, jaką strategię stosuje sąsiad. Skurczybyk jest zawzięty. Właśnie wypił kawę, a kawa podobno przyspiesza działanie mózgu.

To prawda- kawa hamuje receptory adenozyny, czyli te odpowiedzialne za odczuwanie zmęczenia. Dodatkowo podnosi poziom dopaminy i adrenaliny, czyli hormonu motywacji i hormonu walki lub ucieczki. A Twój rywal chyba nie planuje uciekać od wiedzy. Wziął książkę i zakuwa.

Co zrobić, jeśli chcesz być lepszy, niż on i jeszcze bardziej podkręcić swój mózg, niczym starą, zardzewiałą śrubę?

- Może wypiję dwie kawy? - myślisz.

Pytasz jednak swojego szwagra, dietetyka, co on o tym myśli. Szwagier odpowiada:

- Słuchaj, kawa przestaje działać po kilku godzinach, zależnie od Twojego metabolizmu kofeiny, kop może trwać dwie, trzy lub cztery, ale później jest zjazd. Gdy kawa przestaje działać, adenozyna krążąca we krwi zalewa receptory i czujesz zmęczenie ponownie, nawet jeszcze większe. Gdy chcesz powstrzymać wzmożone zmęczenie i zachować ostrość umysłu, musisz wypić kolejną kawę, a potem kolejną- a nadmiar może z kolei źle wpłynąć na sen. Kawa jest dość uzależniająca. Nie znaczy to, że szkodliwa, bo na dobrą sprawę jest zdrowa, jeśli pijesz ją z umiarem. Ale jeśli masz przed sobą intensywny wysiłek umysłowy, może Cię kusić, by pić jej za dużo.

- No więc? Co mam robić? - pytasz.

- Wypij matchę i zjedz dwa paski gorzkiej czekolady. Matcha to zmielone, młode listki zielonej herbaty. Jedna łyżeczka zawiera podobną ilość kofeiny, co filiżanka kawy, ale ta kofeina jest związana przez aminokwas zwany l-teaniną, przez co uwalnia się dłużej, a przez to kop energii nie jest tak intensywny, więc zjazd też nie. Za to energii starcza na dłużej. W związku z faktem, że herbatę matcha pijesz wraz z listkami, bo są tak drobne, że tworzą zawiesinę (a liście zwykłej zielonej herbaty wyrzucasz po zaparzeniu, nie są to liście najwyższej jakości jak matcha, więc nie nadają się do spożycia w całości), pijąc matcha, dostarczasz nawet 10 razy więcej przeciwutleniaczy, niż zwykłą zieloną herbatę. A przeciwutleniacze chronią między innymi mózg przed uszkodzeniami. Bardzo intensywny wysiłek umysłowy też może powodować obumieranie neuronów, ale głównie jest to sprawka toksyn środowiskowych.

- Dzięki! A po co mi gorzka czekolada? Chodzi o cukier? Dodaje kopa?

- Nie do końca. Chodzi o kakao. Zawarta w nim teobromina to substancja chemicznie podobna do kofeiny, ale działa dużo, dużo dłużej, a przy tym nie powoduje tylko pobudzenia, ale również rozluźnienie mięśni, co daje efekt, można powiedzieć, czujnego spokoju. A także poprawia przepływ krwi (bo naczynia krwionośne też mają mięśnie).

Więc posłuchałeś szwagra i Twój mózg dostał dwie, prawdopodobnie najzdrowsze dla niego naturalne substancje, jakie mógł dostać. I nie chodzi nawet o związaną kofeinę i teobrominę, które służą Ci chwilowo, a o coś, co służy na lata- EECG (Epigalusan katechiny) z zielonej herbaty i flawonoidy z kakao. Te związki są przeciwutleniaczami, jednymi z najsilniejszych na świecie. Oba chronią przed demencją, ale też nowotworami, chorobami układu krążenia, a nawet zmniejszają ryzyko cukrzycy i nadwagi. I oba usprawniają proces uczenia.

Za Tobą ciężki dzień zakuwania, więc sięgasz do lodówki po piwo.

- Należy mi się! Ha ha, zrelaksowany po piwie lepiej się wyśpię!- mówisz. Widzisz jednak, że nie ma go w lodówce.

- Gdzie ono jest?! Zniknęło! - krzyczysz

Wtem- dostrzegasz szwagra na kanapie, który właśnie kończy butelkę.

- Ty wypiłeś moje całe piwo?!

- Nie, wypiłem tylko jedno, a resztę oddałem Twojemu sąsiadowi.

- Coś Ty narobił! Czemu?!- mówisz ze łzami w oczach.

- Podziękujesz mi za to- mówi.

- Wątpię...

- Słuchaj, sprawa jest prosta i oczywista. Alkohol, nawet jeśli to niewielka ilość, zabija neurony, a więc hamuje zdolność mózgu do uczenia się. Twój sąsiad teraz ma zapas na cały miesiąc, myślisz, że się powstrzyma? Będzie pił po jednym czy dwa dziennie, bo pomyśli, że należy mu się za naukę nagroda. Ale ta jego wątpliwa nagroda sprawi, że przegra.

- Sprytne! Ale mogłeś, chociaż dać mi łyka na lepszy sen! Czy nie?

- Dawno już obalono mit lepszego snu po alkoholu. Wprawdzie zasypiasz szybciej, ale fazy snu są dużo płytsze, a to właśnie podczas głębokiego snu mózg się "przepłukuje" i tworzy nowe neurony. Innymi słowy- zapisuje dane.

A jeśli mi nie wierzysz, kup smartwatch, który monitoruje i zapisuje fazy snu. Śpij kilka nocy normalnie, a potem kilka razy śpij po wypiciu piwa czy dwóch. Ja robiłem taki eksperyment, a długość głębokiego snu spadała po alkoholu czasem do zera. Faza snu REM, czyli prawie najgłębsza i ta, w której śnimy, spadała mi dwukrotnie. Jestem podatny na alkohol, nie każdy będzie miał aż takie pogorszenie, ale negatywny wpływ nie ulega wątpliwości. Wypijemy piwko po Twojej wygranej, spokojnie. Raczej nie przestaną go produkować ani nie zabronią spożywać....

- Okej. Więc alkohol jednak nie pomaga lepiej spać, ciekawe. Dobrze, że o tym mówisz. Następnym razem nie będę pił na dzień przed ważnym wydarzeniem, aby lepiej się wyspać. A co mogę zrobić, jeśli nie mam żadnego suplementu na zdrowy sen, a apteki są już pozamykane?

- Masz w domu mąkę ziemniaczaną?

- Serio? Mąka ziemniaczana? Jakim cudem?

- Już tłumaczę. Są dwa rodzaje skrobi- zwykła i oporna. Zwykła skrobia, którą znajdziesz w gotowanych ziemniakach, ryżu, kaszach, czy chlebie, jest po prostu złożonym cukrem, więc po strawieniu działa jak cukier. Natomiast skrobia oporna powstaje, gdy zwykła skrobia się krystalizuje. Wtedy staje się niestrawna dla nas, ale dla naszych bakterii jelitowych- owszem. Skrobia ziemniaczana to praktycznie tylko skrobia oporna, więc chociaż teoretycznie ma kalorie, dopóki jej nie podgrzejesz, organizm tych kalorii nie użyje, za to probiotyki, czyli nasze dobre bakterie- owszem. Tworzą z niej kwas masłowy. Ten kwas sam w sobie jest cenny, bo z niego składa się osłonka jelit, więc przydaje się, gdy masz bóle brzucha czy zatrucia pokarmowe. Ale jeszcze ciekawsza jest dalsza przemiana, bo z kwasu masłowego bakterie tworzą kwas gamma-aminomasłowy, szerzej znany jako GABA.

- To ten hormon uspokajający?!

- Zgadza się. Mało kto o tym wie, a to dość prosty sposób na poprawę snu, nie sądzisz? Wypij szklankę lodowatej wody, żeby lekko schłodzić żołądek, a zaraz po niej szklankę wody z łyżką skrobi ziemniaczanej. Zrób to na jakieś 2-3 godziny przed snem, bo przemiana skrobi w GABA trochę potrwa. I jeszcze jedno- jeśli jesz ziemniaki, jedz je zimne. Po schłodzeniu część skrobi się krystalizuje, więc zimne produkty skrobiowe, również ryż i kasze, a nawet budyń, dostarczą Ci mniej kalorii, niż ciepłe.

- Świetne! Już słyszę uszyma wyobraźni płacz sąsiada, gdy przegra!

O drugiej w nocy śpisz jak suseł, a Twój sąsiad nie może spać (i faktycznie płacze), bo przesadził z kofeiną. Mógł sobie darować tę siódmą kawę, ale teraz już dla niego za późno. Leży w łóżku, wierci się z boku na bok, myśli pędzą mu po głowie, ogarnia go dziwny lęk i drżenie ciała, a serce bije mocno jak Pudzianowski. Wypija trzecie piwo na uspokojenie i w końcu, o trzeciej, zasypia. Jego sen w porównaniu do Twojego ma się jakościowo mniej więcej tak, jak śmierdzące chemią kapcie z Chin, w porównaniu do Crocsów (tych oryginalnych, a więc i drogich kapci z dziurkami). Sąsiad przyswoił pewnie 30% wiedzy, Ty 90%. 1:0 dla Ciebie.

O siódmej rano idziesz do kuchni wstawić sobie parówki na śniadanie, ale przez okno wskakuje szwagier-dietetyk w pidżamie z myszką Miki i wyrzuca parówki (wraz z rondlem) przez okno.

- Oszalałeś?! - pytasz tego ancymona.

- Ty oszalałeś!- stwierdza. - Parówki? Serio? Może jeszcze popij to wodą z zupki chińskiej!

- Co z nimi nie tak?

- Jeśli chcesz zachować umysł jak brzytwa, odpuść je sobie. Zjesz porcję po zawodach, skoro tak Ci są potrzebne do życia. Parówki, a także większość wędlin, zawierają azotany i fosforany. Jedne z najmocniejszych, a zarazem najbardziej szkodliwych konserwantów. Przypominam, że konserwanty zabijają bakterie.

- To chyba dobrze? Co, mam mięso z posypką z mikrobów jeść, do jasnej ciasnej?

- Dobrze i niedobrze, bo te dobre bakterie jelitowe też są zabijane przez konserwanty.

- Oj tam, najwyżej będę miał ich... trochę mniej.

- A w ich miejsce zalęgną się bakterie gnilne i fermentujące żywność. Nabawisz się IBS, albo co gorsza, paskudnych chorób zapalnych układu pokarmowego, które czynią z życia prawdziwe wyzwanie.

- Lubię wyzwania!- stwierdzasz.

- Chodzenie 5 razy dziennie do toalety na dwójkę i wydalanie z siebie większości witamin i minerałów, bo jelita nie są w stanie ich wchłonąć, też lubisz?

- Oj, raczej nie.

- A osłabioną odporność, bo dobre bakterie, które chronią przed kolonizacją tych złych, wybiłeś konserwantami, też lubisz?

- No nie.

- A obniżony humor i lęki, bo bakterie jelitowe produkują GABA, ale też serotoninę, czyli hormon szczęścia?

- Dobra, rozumiem... skończ.- irytujesz się.

- Dobrze. A mógłbym jeszcze parę skutków ubocznych wymienić-cwaniakuje szwagier.

- Obejdzie się. Co więc zjeść, o magu potężny, który wiedzę o skomplikowanych chemikaliach w żywności posiadasz, a także o tym, jak oddziałują one na poszczególne mechanizmy cudownej maszyny, zwanej ludzkim ciałem?

- Kiszoną kapustę- proponuje szwagier.

- Nie no, stary. Nie przesadzaj. Błagam.

- Chcesz wygrać, czy przegrać?

- A jak to wszystko okaże się zbędnym staraniem, bo i tak przegram, bo na przykład jestem głupszy od sąsiada?

- Wątpię. Widziałeś go? Jak mimo wszystko przegrasz, to przynajmniej z poczuciem, że zrobiłeś, co się dało, by wygrać, a nie poczuciem winy, ze to przez Twoje lenistwo przegrałeś. Poza tym lepiej mieć 70% szans na wygraną niż załóżmy, 60. Każdy dodatkowy wysiłek w stronę wygranej to Twój atut. To właśnie odróżnia wygranych od frajerów. Frajerzy liczą na szczęście, wygrani sami sobie biorą szczęście, tworząc okoliczności, by się pojawiło.

- Okej, o magu potężny, który wiedzę o niewidzialnej sile ludzkiej psychiki zgłębiłeś, niczym mroczne jaskinie, w poszukiwaniu złota, którym jest czysta i przydatna wiedza. Dajże magu kapusty!

Niestety, kapusta Ci tak nie smakuje, że nie jesteś w stanie jej w siebie wmusić. Wolałbyś wyrwać sobie wszystkie włosy z nóg, jeden po drugim, w rękawicach bokserskich.

- Co mam zrobić? Nie dam rady!- narzekasz

- Oj, amatorzy...- kręci głową szwagier.

Przygotowuje Ci surówkę z kiszoną kapustą, jabłkiem, marchewką i cebulą. Polewa ją szaloną ilością oliwy z oliwek:

- To sałatka, nie diesel! - krzyczysz

- Oliwa z oliwek, tra la la la la!- śpiewa szwagier- bezcenne omega-9 w sobie ma! Mózg przyspieszą Twój, a także nerwy Ci odnowią, daje słowo! Bo omega-9 tworzą nerwów tzw. osłonkę mielinową!

- Oszalał, no oszalał- komentujesz jego zachowanie.

- Przepraszam, odbija mi, bo mam post...

- Post?

- Post...anowienie, że nie jem do godziny 16.

- Czemu Ty aż tak się katujesz? Życie Ci niemiłe? Przez to, z tego wilczego głodu stajesz się obłąkany! Cierpisz!

- Jest wręcz przeciwnie. Śpiewam i zachowuję się jak wariat, bo jestem szczęśliwy. Tzw. post przerywany, czyli ustalenie, że jesz tylko kilka godzin w ciągu dnia, bardzo mocno podnosi Twoją wrażliwość na insulinę, ale też zdolność organizmu do wykorzystania tłuszczu jako źródła energii. Gdybyś był samochodem, wolałbyś umieć palić dwa rodzaje paliwa, czy jeden?

- No niech będzie, że dwa.

- Tak samo u ludzi. Niektórzy nie za bardzo radzą sobie z paleniem tłuszczu, bo ich ciało całe życie jedzie na cukrze, który jest zupełnie inną substancją i ma zupełnie inny mechanizm spalania. I najgorsze, że po czasie nawet ten cukier im nie pomaga, bo stają się na niego coraz mniej wrażliwi. Ich organizm musi wyprodukować więcej insuliny, żeby w ogóle pobrać ten cukier i aby trafił do komórek, niż u kogoś, kto codziennie robi sobie mały post.

- Rozumiem... ale Ty mi tu teraz coś o odchudzaniu mówisz, a mnie obchodzi mój mózg, nieodchudzanie.

- Mózg, szwagrze drogi, pobiera najwięcej energii ze wszystkich organów. Dlatego najbardziej typowym ze wszystkich objawów tego, że Twoje ciało słabo pozyskuje i używa energię, jest gorsza praca mózgu. Na pewno zdarzyło Ci się być głodnym przez jakiś czas, a wtedy czułeś się zirytowany i brakowało Ci motywacji czy skupienia, tak?

- No tak, ale Ty mówisz, że czujesz się dobrze na tym swoim poście!

- Mózg to cwana bestia, mówiłem Ci to wiele razy. Szybko się przyzwyczaja. Już po tygodniu postów stałem się na nie odporny, a mój mózg coraz lepiej używa tłuszczu (a raczej ciał ketonowych, które z niego powstają), a więc nawet mimo skrajnie niskiego cukru, radzi sobie dobrze. A ja czuję się jak na haju.

- Dobre. Może ja też spróbuję?

- Zalecam. Na początku może być ciężko, więc warto zaczynać post, kiedy spodziewasz się, że dziś będzie miarę łatwy dzień. Wtedy nie narażasz się aż tak na porażkę. Wielu ludzi zaczyna czuć wilczy głód, który wydaje się nie do opanowania, ale jak tylko skupisz uwagę na czymś innym i zignorujesz to, a może nawet polubisz to uczucie głodu, minie. Stanie się umiarkowane. Do zniesienia. Dlatego na przykład dużo łatwiej jest w drugim dniu postu, niż w pierwszym. W pierwszym organizm się jeszcze domaga jedzenia, w drugim stopniowo stara się pohamować swój głód i uznaje wyższość psychiki.

- Ciekawe, ciekawe. Nie wyrzucaj surówki z kapusty, zjem ją po szesnastej.

- Na początek spróbuj pościć do czternastej, żeby się nie zniechęcać czymś zbyt trudnym.

- E tam, to łatwizna...

O 13 59 jesteś tak głodny, że nawet tapczan wygląda smakowicie. Z zegarkiem w ręku czekasz tę ostatnią minutę i rzucasz się na kapustę jak wychudzony królik.

Jednak, mimo tego trudu, udało Ci się. Przez tydzień pościsz do 14, potem drugi tydzień do 15 i tak dalej...

Finalnie, o czym jeszcze nie wspomniałem, ilość BDNF w Twoim mózgu jest ogromna, a u sąsiada skromna. BDNF to neurotroficzny czynnik pochodzenia mózgowego, a tłumacząc na język polski- związek chemiczny, który umożliwia mózgowi tworzenie się nowych neuronów. Więc czyni Cię mądrzejszym. Post przerywany zwiększa ilość BDNF- drastycznie. Na tyle dobrze, że prowadzone są badania nad użyciem postu do hamowania rozwoju demencji czy depresji. I są całkiem obiecujące, szczerze mówiąc.

Szwagier też człowiek- nie chce Ci nałożyć na barki nie wiadomo ile, więc uznaje, że te kilka porad Ci wystarczy. Jak widzisz, wcale nie musisz robić za wiele, aby być mądrzejszym. Wręcz, można powiedzieć, że robisz trochę mniej, bo pomijasz śniadanie, więc masz jeden posiłek z głowy. Wprowadzasz kilka prostych zmian, nowych, łatwych nawyków- i jest elegancko.

Wygrywasz zawody o jeden punkt procentowy. Sąsiad nie wierzy, wali pięściami w czoło, a potem masuje sobie guzy giganty.

-Mój przeklęty mózg! - mówi- czemu nie działa tak, jak powinien?!

-Mój za to działa- chwalisz się.

Sąsiadowi wypada słuchawka z uszu. Okazuje się, że oszukiwał. Ale i tak przegrał. Nie wiedziałbyś o tym, że oszukuje, gdyby ze złości nie walnął się w swój pusty łeb.

-Komando foki, brać go! - mówi prowadzący konkurs

Oddział antyterrorystów dopada sąsiada i zakuwa go w kajdanki.

Prezydent Stanów Zjednoczonych przylatuje, żeby podać Ci rękę za pomoc w schwytaniu oszusta.

-Wygrałeś mimo jego oszukiwania? Nieźle. Masz mózg jak nic! Pracuj dla nas, dla NASA!- proponuje.

-Dzięki, ale mam trochę większe ambicje...- odpowiadasz.

15. Rozpraszacze uwagi

"Czas jest dużo cenniejszy, niż pieniądze, ponieważ zawsze można zarobić więcej pieniędzy, natomiast więcej czasu nie można zdobyć"- tak mawia popularne powiedzenie motywacyjne, z którym się oczywiście nie zgadzam, bo można "kupić" sobie więcej czasu.

Przykładowo, biegacze żyją średnio 12 lat dłużej, niż nie-biegacze. Oczywiście, aby zyskać te dwanaście lat, musieli wydać, chociaż pół godziny dziennie na bieganie, co daje około 180 godzin rocznie, czyli 9 000 godzin, czyli 375 dni w ciągu 50ciu lat.

Tak czy siak, się opłacało, ponieważ wydali trochę ponad rok, a zyskali 12 lat, czyli są 11 lat na plusie- statystycznie. Nie znaczy to, że każdy biegacz o tyle dłużej żyje, bo biegacze też umierają na różne choroby, a więc jeden biegacz dzięki swojemu nawykowi zyska 5 lat, inny 17. Jeden zyska 24 lata, a inny- zero. Współczuję temu ostatniemu, pewnie przygniótł go fortepian, kiedy biegał. Nawet jeśli przeraża Cię wizja, że mógłbyś wydać rok życia, a nie zyskać nic- spokojnie. Szanse na to są praktycznie zerowe.

Ze statystyk widzimy, że opłaca się biegać i że można zdobyć więcej czasu, właśnie dzięki zdrowym nawykom. Ponadto bieganie nie jest zupełną stratą czasu, więc to nie tak, że jedyna korzyść z ruchu to te kilka dodatkowych lat czasu życia. Korzyści są tak duże, że nawet nie zdajesz sobie z nich sprawy, bo gdybyś o nich wiedział- biegałbyś.

Przede wszystkim jest to doskonały sposób na poprawę wydolności serca, a im lepsze masz serce, tym lepsze Twoje krążenie.

Zgadnij, co dostarcza paliwa naszym mózgom? Oj tak, to właśnie krew! A może pamiętasz z lekcji biologii, co rozprowadza krew po ciele?

A) Wątroba

B) Wściekły szop pracz

C) serce

Nie, nie szop. Serce! Brawo!

Gdy więc masz tendencję do leniuchowania i siedzenia całymi dniami, chociażby przez swoją biurową pracę, Twoje krążenie jest słabe, Twoje serce jest słabe, a Twój mózg nie dostaje tyle paliwa, ile mógłby mieć, gdybyś codziennie biegał.

Różnica na płaszczyźnie codziennej jest niemal niezauważalna, ponieważ chwilę trwa, zanim serce się wzmocni tak jak każdy mięsień. Natomiast po kilku latach będzie już ogromna, wierz mi. Widziałeś kiedyś seniorów, którzy biegają? Sporo ich w Szwecji i zawsze cholernie ich podziwiam. Diametralnie różnią się seniorów siedzących na kanapie, o których opowiada mi narzeczona, codziennie widująca takich w domu starców. Podziwiam ją, że ma psychikę, aby tam pracować, bo często są to ludzie nieszczęśliwi, zostawieni przez bliskich. Często są terminalnie chorzy. Trzeba mieć naprawdę mocny umysł, żeby zajmować się starszymi ludźmi, ale ktoś oczywiście musi to robić, a taka praca na pewno wzmacnia charakter, ale też uczy empatii, co najważniejsze.

Z drugiej strony, seniorzy aktywni to zazwyczaj też ci, którzy nadal mają umysły jak brzytwy, są uśmiechnięci i pełni energii. A w domu starców nikt nie chodzi sobie pobiegać. Kiedy stajesz się nieaktywny, stajesz się chory. Nie zawsze na odwrót.

Nie na wszystkie choroby masz wpływ, ale na większość owszem. I choć bieganie nie jest gwarantem wiecznej młodości, bo można mieć pecha lub szczęście na genetycznej loterii predyspozycji do chorób, nadal nie ulega wątpliwości, że to nawyk herosów i bogów samodyscypliny.

Początkowo nie będzie to przyjemne, oj nie. Ja nienawidzę biegania, więc biegam powoli, w swoim mieszkaniu. Bardziej dreptam. Co jakiś czas wychodzę pobiegać "naprawdę" i daję sobie wycisk, jednak jeszcze nie jestem fizycznie gotowy na codzienny, prawdziwy bieg, ale spoko- małe kroki, wielkie rezultaty. Kiedyś w końcu przełamię tę barierę. Jestem coraz bliżej. Gdy zaczynałem, było to faktycznie męczące i nieprzyjemne. Nawet moje śmieszne dreptanie po 30 minutach stawało się torturą, mówię wam. Dziś jest mi naprawdę lekko wykonywać tzw. Slow jogging. Powolne bieganie to dobry start. Odczuwam po każdej jego sesji dużą przyjemność, bo wysiłek zalewa mózg hormonami szczęścia, jak serotonina i oksytocyna. Głównie jednak dla mnie ważna jest dopamina- hormon motywacji i satysfakcji. Ten sam hormon podnosi w mózgu kawa. I pod jego wpływem SIĘ CHCE. A ja chcę chcieć. Więc nawet gdy mi się nie chce, zmuszam się, bo po przełamaniu niechęci, gdy już pobiegam, zaczyna się chcieć. Wtedy na przykład idę pisać.

I doskonale udowodniono eksperymentalnie, że po jakimkolwiek wysiłku fizycznym, o ile nie jest wykańczający, ludzie radzą sobie lepiej z zadaniami mentalnymi.

Więc, reasumując- jeśli biegasz, nie tylko kupujesz sobie czas, ale też dostajesz sposób na bardziej produktywne wykorzystanie czasu, który już masz. Nie na darmo mówi się, że pewne rzeczy dają kopa na rozpęd. Bieganie to właśnie rozpęd. Gdy biegasz, zaczynasz coś robić, a mózg, jak już zacznie coś robić, chce robić więcej. Więc robisz więcej. To jest właśnie ten odwieczny sekret motywacji. Jak zacząć, skoro nie mam motywacji?! Zacznij bez niej. I tyle. Jak się zmusisz kilka razy, motywacja przyjdzie.

Przy okazji- biegając, słucham audiobooków, więc wykorzystuję swój czas podwójnie.

Okej, ale mimo wszystko, powiedzenie przytoczone na początku rozdziału, nadal wiele uświadamia, bo czas jest bezcenny, niezależnie od tego, ile go masz. Nie wolno go tracić.

Są ludzie, którzy przed śniadaniem biegają, ale są i tacy, którzy przeglądają szybkie, krótkie filmiki, zwane rolkami albo shortami. Nie wiesz nawet, jak bardzo to uzależnia.

Byłem kiedyś uzależniony od aplikacji z czarnym logo, oferującej takie właśnie szybkie filmiki, ale uświadomiono mi, że podnoszą one poziom dopaminy- tak jak kawa czy bieganie.

Problem w tym, że jeśli masz dostępne łatwe i szybkie źródło dopaminy, nie chce Ci się sięgać po trudniejsze.

I właśnie dlatego wszelakie rozpraszacze uwagi są zagrożeniem dla produktywności. W dzisiejszym świecie mamy ich sporo. Dla kogoś może sport jest rozpraszaczem, ale oczywiście nie ten, który sam uprawiasz, a ten, który oglądasz. Emocjonujesz się piłką nożną i tracisz kilka godzin tygodniowo na kibicowanie? Powiedz, co do cholery jest fajnego w celebrowaniu sukcesów innych ludzi? Nie lepiej tworzyć swoje?

Oglądasz życie gwiazd albo youtuberów? Nie lepiej samemu mieć ciekawe?

Tracisz czas na media społecznościowe, by konsumować treści tworzone przez innych? Nie lepiej samemu je tworzyć?

Można tak wymieniać i wymieniać, ale nie lubię lania wody, a przekaz w tym rozdziale jest prosty- nie trać czasu na pierdoły. Ja straciłem go mnóstwo i żałuję.

Kiedyś wierzyłem, że wezmę się za książkę, ale jak tylko nadejdą odpowiednie, wygodne okoliczności. Nie nadeszły, a tyle na nie czekałem! Kiedyś chciałem wierzyć, że życie mi nie ucieknie, że mam mnóstwo czasu. Dziś widzę, że ucieka, bo mu na to pozwalam. Koniec z tym.

" Memento Mori, Memento Mori!" - mówię do siebie, po czym zaczynam pisać.

Gdyby nie fakt, że kiedyś umrę, odwlekałbym napisanie tej książki dosłownie w nieskończoność. Ale tak nie można. Bo piasek w klepsydrze się przesypuje. I jeśli nie zacznę dziś- kiedy? Skąd wiem, że jutro? Skąd wiem, że będzie mi się chciało za miesiąc? Za rok?

Nie odkładam już swoich celów i pomysłów na „kiedyś tam", bo zorientowałem się, że ono nigdy nie nadchodzi. Gdy po czasie pomysł przyblaknie, nie wydaje się już ciekawy i wart realizacji, dlatego nawet nie zaczynam go realizować. Gdybym nie odkładał rzeczy na później, a za to miał dyscyplinę do robienia ich od początku do końca, pewnie napisałbym już dziesięć książek.

Pamięć o własnej śmiertelności w wielu ludziach wywołuje jedynie strach, ponieważ, bądźmy szczerzy, chyba nikt nie chce umierać. Jednak strach to tylko emocja, a jak pisałem, można je wykorzystać na swoją korzyść.

Niech świadomość własnej śmiertelności sprawi, że zaczniesz działać już dziś, a nie jutro, nie kiedy nadejdą wymyślone przez Ciebie lepsze dni. Jeśli sam po nie nie pójdziesz, nie nadejdą! Nie będziesz żył wiecznie, sorry. Memento Mori i do przodu!

Koniec

Jeśli czytanie tej książki sprawiło Ci przyjemność, polecam również swoje inne książki:

1) "Twój mózg- Twój przyjaciel, czy Twój wróg?" o podobnej tematyce, lecz nieco głębszym wejrzeniem w wiele spraw oraz dokładniejszą analizą ludzkiej psychiki. I trochę bardziej nasycona moim dziwnym poczuciem humoru

2) "Ja być tylko małpa" – krótka powieść SF przeplatana refleksjami na temat ludzkich wad, a szczególnie głupoty.
3) "Brak Kontroli"- o tym, jak negatywne emocje mogą nas hamować przed życiem pełną piersią.

Z dedykacją dla:

Adrianny Król

Za udzielone wsparcie mentalne, którego potrzebowałem, by napisać tę książkę, a potem ją poprawić. I za motywację. I za cierpliwość, która była niezbędna, gdy już ją pisałem.

Damian Podpora, 30 maja 2024

Printed in Dunstable, United Kingdom